JN105823

不安専門カウンセラーが教える

晴れないココロが軽くなる本

〈不安専門カウンセラー〉
柳川由美子

フォレスト出版

［はじめに］真面目で繊細で頑張りすぎるあなたへ。

昨今、周囲を気遣うあまり、生きづらさを感じている繊細な人が取り上げられています。ふつうの人よりも感じる力が強く、そういう人たちを「ＨＳＰ（Highly Sensitive Person）」と呼びます。

でも、ＨＳＰは病気ではありません。物事に対して思慮深く、周囲の刺激に敏感で、感覚が鋭く、共感しやすいといった、その人の気質を表しています。

たしかに、敏感すぎて生きづらい人たちですが、いっぽうで、常に不安を感じている人はかなり心配です。というのも、日常のささいなことに不安を感じたり、心配や緊張などの感情が強くなってしまうと不安症（不安障害）と呼ばれる病気になってしまい、日常生活や社会生活に支障が出てしまうからです。

でも、世の中に不安を感じる人は少なくありません。もしかしたら、90％以上の人は、これまでになんらかの不安を感じたことがあるはずです。そう考えれば、不安を感じることは人間ならふつうの現象ともいえるのですが、現代社会において不安の中に生きている人たちは、だいぶ事情が違っています。

太古の時代であれば、生命をおびやかすような出来事に対して不安を感じることは当たり前のことでしたが、いまは人間関係における不安がとにかく多く、仕事の不安、子どもの将来への不安、老いや健康への不安など、不安の要素はさまざまです。

これは当然、社会の複雑化や人間関係における役割の多様化など原因もさまざまですが、不安を感じやすい人は、こういった社会に真摯に生きようとする人たちです。言い換えれば、「真面目で繊細で頑張り屋」な人ほど、不安に感じる人が多いのです。ですから、世の中に生きづらさを感じているという点ではＨＳＰ同様、いやもしかしたら、もっと生きづらさを感じているかもしれません。

この本は、そんな「真面目で繊細で頑張り屋」であるがゆえに、不安を感じずにはいられないあなたへ、少しでも心が軽くなるようにという思いで書いています。

私が実際に行っているカウンセリングを受けていただくように、不安のケースに合った心を軽くする方法や、あなた自身でやっていただきたいワークなども紹介しています。

ここで紹介している方法やワークによって、私のカウンセリングに訪れるクライアントさんたちの多くが「心がスッキリしました」「だいぶ心配することがなくなりました」「前向きになれました」という感じで、これまでの不安を解消しています。

実は、私自身も幼い頃から不安に悩まされてきました。でも、心理学を勉強していく過程で形づくられた性格や思い込みによる不安の正体がわかり、癒されることによって不安を解消することができました。その顛末(てんまつ)は第１章で述べていきますが、自分が不安の中に生きてきたからこそ、クライアントさんの気持ちがわかり、寄り添えているのではないかと思っています。

そこで、この本では私自身やクライアントさんの心が軽くなった方法やワークを紹介するとともに、実際に１人でもできる「自己カウンセリング法」も解説していきます。

第1章では、不安に悩まされ続け、それを克服し、「不安専門カウンセラー」になるまでのお話をさせていただきます。きっと同じように不安を経験してきた人がたくさんいると思います。

第2章では、そもそも不安とはどこからくるのか、どうして不安を感じてしまうのか、その正体を探っていきます。

第3章では、実際に多くあるさまざまな不安のケースを挙げながら、そうした不安を少しでも軽くするちょっとした方法を解説していきます。心の中に不安がやってきそうなとき、心が晴れずモヤモヤしているとき、苦手な人がいてどう話をしたらいいか不安になったときなど、不安を解消する簡単な方法をお伝えします。

第4章では、自分1人でカウンセリングができる「自己カウンセリング法」をワークという形で紹介します。紹介するワークは、私のクライアントさんにもやっていただいているもので、不安な自分から脱出し、さらに前向きになれる、とっておきのワークです。

第5章では、毎日が少しでも不安から解放されるよう、習慣にできるちょっとしたコツを紹介します。

もともと真面目で繊細で頑張り屋のあなたですから、この本を読んで、紹介する方法やワークを実践していただければ、いまよりも晴れやかな心で、不安な気持ちも軽くなっていると思います。

もちろんすべてが解消するわけではありません。私も不安になることだっていまでもあります。でも、そんなときに心を軽くする方法を使って心のバランスを保っています。ですから、あなたにとっても心強い〝お守り〟になるはずです。
さあ、不安にならずに、楽しく読み進めてくださいね。
それでは、カウンセリングを始めていきましょう。

柳川由美子

・もくじ・

第1章 不安の中で30年以上悩み続けてきた私が「不安専門カウンセラー」として仕事をする理由

第2章 不安の正体って何だろう？

第3章 カウンセリングルームへようこそ。さまざまな不安を軽くする方法

第4章 自己カウンセリング実践ワーク

第5章 日頃から不安にならないための習慣

プロローグ

今日も
不安な人たちが
カウンセリングに
訪れる

ここは西鎌倉駅から徒歩1分ほどのところにある柳川クリニックに併設されたメディカルスパ。駅から1分といっても、大通りを過ぎればすぐに緑が目に飛び込んでくる落ち着いたところにあります。このメディカルスパは、鍼灸院やカイロプラクティック、アロマセラピー、KENS Café（「幸せな気持ち」になる空間）など心身の健康をクリニックと共同でサポートする体制が備わった、まさに癒しの空間。

そんな空間の1室に、心理カウンセラーとして、私のカウンセリングルームがあります。

今日は少しどんよりとした曇り空。いまから来るクライアントさんのカウンセリング内容を見ていたせいなのか、どことなく暗い天気です。でも、カウンセリングルームはいつものようにリラックスした装いで、クライアントさんもきっと話しやすい場所になるはずです。

木目のフロアにベージュをあしらった壁。これまたベージュのゆったりと掛けられる大きめのソファーとクッション、隅にはアンティーク調のランプが置いてあります。

ソファーの間にはローテーブルがあり、ソファーは真正面ではなく、クライアントさんが話しやすいように少し斜めに置かれています。時折、外を眺めるクライアントさんのために、壁の少し高い位置に小窓が2つも備わっています。

ふつうの部屋ですが、クライアントさんが緊張しないで話せるリラクゼーションの場所でもあるのです。

そうここが、私が不安専門カウンセラーとしてクライアントさんと接する空間です。不安を抱えた方は月に50人以上訪れます。老若男女、下は中学1年生から上は70代の方までさまざまです。

不登校になってしまった子、精神科に通って薬を飲んでいるけど何も変わらない人、ほかのカウンセリングを受けたけど何も話すことができなかった人、とにかく不安でうつ病になってしまうのではと心配する人、孤独からくる不安を感じている人など、相談する内容もさまざまです。

なかには、「死にたい」と重いうつ病を患っている人まで訪れます。こういった人は、カウンセリングを受けに来られる勇気があるので心のケアは可能ですが、医師と連携を組まなければならないような重病の人も少なからず訪れたりするのです。

今日の予約をされた方は40代女性。夫、中学生の娘と小学生の息子の4人家族。共働きで上の子は高校受験を控えているということで、家族はそうした環境にも気遣っています。下の子はクラブ活動でサッカーをしていて、彼女もたまの当番や試合の応援に参加しています。これだけ聞くと、とてもふつうの家庭のように見えます。

しかし、彼女は不安で仕事もうまくいかない、子育てもうまくいかない、夫との関係も冷めているetc.……と、この先も不安で、どうしたらこの不安から抜け出せるのか、このままだとうつになってしまうのではないかとカウンセリングを依頼してきました。

そろそろ彼女がやって来る時間です。事前にお聞きしたカルテを置いて、私自身も心をリラックスさせて、クライアントさんがさらに不安にならないよう顔の筋肉をほぐします。

すると時間通りに、扉をノックする少し小さな音がしました。私が「どうぞ」と声を掛けると、ゆっくりと扉が開いて彼女が現れました。

彼女は小柄で細身の穏やかそうな顔立ちで、グレーのワンピースにシックなバッグを抱え、花柄のハンカチを持ちながら部屋に入ってきました。一見、不安を抱えているようには見えません。

私は笑顔で「こんにちは。〇〇さんですね。柳川です」と挨拶をして、ソファー椅子に座っていただくよう促しました。彼女が椅子に腰を掛けると同時に私も座り、少し間を置いたあとで、初回の注意事項を説明し始めます。

私のカウンセリングでは雑談はしないようにしています。というより、不安を抱えてクリニックに来ている人はいきなり雑談をするのが苦手な人がほとんどだからです。しかも、初めて会う人に雑談をしようとすると、気を遣ってしまうのが明らかだからです。

ですから、緊張をほぐそうと雑談をするほうが、かえって緊張させてしまいます。時間にも限りがあるので、私はいきなりカウンセリングに入るようにしています。

さて、注意事項といっても、初回はクライアントさんの情報収集が主な目的です。

「まずはあなたのことをお聞きしますね」というように、守秘義務があるので話していただいたことは公言しないこと、そのうえで安心して話していただき、逆に話したくないことは話さなくていいということをお伝えして、お話をうかがっていきます。とにかくウエルカム。ようこそいらっしゃいましたという雰囲気で、まずはご自身の口で話すことをお願いします。

その際に、話すことの大切さも説明します。話すは〝放つ〟ともいいます。まずはクライアントさんにしゃべってもらわなければ始まりません。

彼女はリラックスした雰囲気の中で話し始めました。最初はうつむき加減だった視線も、私と目を合わせるようにして不安の気持ちを語り始めました。

最初は子どものこと。受験生の娘の成績が伸び悩んで落ち込んでいるようで、自分がもっとサポートしなければいけないという気持ち、息子のクラブでお母さん方とうまく会話ができないことなど、母親としてうまく立ち回れない自分のせいで、子育てに失敗しているのではないかという不安から自信がなくなってしまったということでした。

夫は仕事から帰るのが遅く、その日の出来事も話す時間が取れず、自分が話すことも真剣に聞いてくれないと感じて孤独な思いをしていること。そして、自分も仕事と家事をこなしながら頑張ってきたことに疲れてしまったということでした。

また、仕事では上司の言うことに理不尽さを感じながらも、言い返すこともできずに淡々と仕事をし、同僚からは「文句を言える立場ではない」というように暗に批判されて、会社内で相談できる人もいないということでした。仕事だから仕方がない、もっと努力すべきだと思っているものの、このまま仕事を続けられるのか不安だと言います。

実は、彼女のように不安だらけの人がほとんどです。すでに精神科に通い薬を飲んでいる人も同じ。もともと頭がよく、考えすぎて、自分に対して何か責めてしまう人です。また、性格がとても優しく、相手を悪く思う自分が嫌で、悪いのは自分だと思ってしまう。また、自分と相手を比較して自分をダメだと思ってしまう人も多いのが特徴です。

それが身体の症状に現れてしまうと、完全にうつ病になってしまいます。もちろん、そうなる前にカウンセリングに訪れた彼女は大丈夫。

情報収集の初日の最後に、私は彼女にこんな話をしました。

「〇〇さん、でこぼこな自分だったり、ネガティブになったりする自分だったり、『生きている』には、いろんな生きているがありますよね。そういったどんなにでこぼこの自分でもオッケーなんですよ。そういう気持ち、あるがままの自分でいいんだよって、自分に〝I am OK.〟を出せるようになりましょう。

自分にＯＫを出すことが大事なんだなってだんだん気づいてくると、自然に自分を労う余裕が出てきて、『そういうこともあるよ』と受容できるようになりますよ。そんな余裕が出てくると、人と接しても自分に対しても相手に対しても、『こういう状況なら、そうだよね』って思えてきますから。それは許すということではなくて、そうした行動を理解できるということにつながっていきます。

そう理解するだけで、自身の不安や怒りのようなものが生じているんだとわかるだけでいいんです。そうすると、自分に対しては〝I am OK.〟が出せますし、相手に対しても〝You are OK.〟になっていきますよ」

最初のカウンセリングは、とにかくクライアントさんの心を軽くすることを心がけます。そうして、その人に合った宿題を出します。それは簡単なワークであったり、毎日簡単にできる習慣にしてほしいことだったり、まずは元気になれる処方箋のようなものです。

人それぞれですが、ワークや習慣を行っているうちに、「1回目でだいぶよくなりました」という人もいます。

最初は情報収集がメインであるものの、この人の不安は一時的なものだと感じた場合はすべてお伝えします。私に話すことで心がグッと楽になることもあるからです。

ふつうは3、4回カウンセリングを行い、そのつど宿題としてワークをこなしていただいて経過を見ていきます。薬を服用している方などは、だんだんとその量が減っていって、元気になっていきます。

今回訪ねてきた彼女も、クリニックを後にするときは表情もかなり明るくなっていました。私が出した宿題も楽しんでやってみるということ。これなら次回来たときには不安の要素がだいぶなくなっていることでしょう。もしかしたら、このカウンセリングで終わるかもしれません。

私は彼女を送り出しながら、テーブルに置いてあった冷めたハーブティーを口にしました。ふと窓に目をやると、どんよりしていた曇り空から日が差しています。

それは、彼女の心の変化を象徴しているようなやさしい日の光でした。

・
・
・

さて、あらためて自己紹介いたします。不安専門カウンセラーの柳川由美子です。

不安専門カウンセラーって聞いて、あなたは少し驚かれたかもしれません。そもそも不安に感じた人がカウンセリングを受けるということ自体、あまり聞いたことがないからかもしれません。

でも、ここ数年、将来が不安だったり孤独への不安だったり、人とつき合う不安など、さまざまなことを不安に感じる人が確実に増えています。

昨今、繊細で敏感な人（ＨＳＰ）が話題になっていますが、世の中が複雑化し、不確実性の時代を迎えて、こうした人たちが不安を抱えて生きていかなければならない過酷な世の中になってしまったからなのかもしれません。

ひと昔前は、世の中はシンプルでした。モノを作る時代で、終身雇用の中、とにかく悩む暇もないほど働いてお金を稼ぐというわかりやすい構造でした。しかし、モノよりもサービスが中心となり、ソリューションも目に見えないものがほとんどで、問題解決も多様になりました。

その間、学歴社会が押し寄せ、いつしかそれも梯子(はしご)を外されて学歴神話そのものも危ういものとなりました。また、ＡＩの登場で、今後消えてしまう職業なども取り沙汰されて、いまの仕事を続けられるのかという不安まで登場しました。

こうした状況を考えると、不安にならないほうが不思議なくらいです。

冒頭から私のカウンセリンググルームを訪ねて来た方のストーリーを書きましたが、実際に毎日カウンセリングを必要としている人は後を絶ちません。いうなれば、日常です。

かつてはカウンセリングを受けるというのは敷居も高く、カウンセリングを受けている自分はダメな存在として人目を気にしてしまうものでした。しかし、心の時代というものを迎え、生き方や価値観を深く考えるようになると、いまの自分を何とかしたいという欲求が生まれ、それに対してできない自分というのが出てきてしまう。

そして、そう考える状況が不安を与え、それが長く続けばうつやパニック（不安障害）、強迫性障害など病気を抱えてしまいます。

もちろん、私のカウンセリングルームにも、精神科に通い薬を飲んでもいっこうによくならないという方も数多くいらっしゃいます。でも、こういった人たちももともとは見えない不安にさいなまれ、それが大きくなってしまったことが原因です。ですから、根本は不安という同じものから生じているのです。

この本では、誰もが抱く不安の原因を探りながら、あなたが抱く不安に対して、先ほどのストーリーのようにカウンセリングをしていきます。私のカウンセリングに訪れる方の不安のケースを例に出しながら、そこに合ったワークも掲載していきます。

不安に陥りやすいという人は、実は真面目でやさしく、繊細な人です。そんなあなたですから、この本を読み終わったあと、ぜひワークを試みて、その後の感じ方の違いを実感していただければと思います。

それでは本編の始まりです。

ですが、その前に私が不安専門カウンセラーになるきっかけをお話しさせてください。

というのも私自身、抱えきれない不安の塊のような存在だったからです……。

第1章

不安の中で30年以上悩み続けてきた私が「不安専門カウンセラー」として仕事をする理由

中学生の思春期から現れ始めた不安な気持ち

いまでこそ不安専門カウンセラーを名乗っている私ですが、ずっと不安症に悩まされてきました。

それは母親の影響が大きかったと思います。というのも、母は極度の心配性で、いつも「大丈夫？」「うまくできる？」と言っていました。また、私が何をするにしても「危ない、危ない」と、自転車さえも乗らせてくれなかったのです。もう社会は危ないものだらけと思って生活していましたから、心配で自ら行動を起こすこともできない。人に対しても極度の人見知り。結果的にとても大人しい子どもに育っていきました。

母親は私にピアノを習わせていたのですが、これもいつも失敗するのではないかという心配で、ピアノを好きになれず、人前で弾くということは緊張しかありませんでした。発表会ではいつも母が心配して見ているので、それに影響を受けて、失敗しないかとそればかりが頭をよぎります。すでに私は心配症に陥っていたものの、それでも自分にとってはピアノしかないと思って続けていた、そんな小学生時代でした。

中学に入ると、おそらくクラスでもっとも大人しい生徒といったら私だろうというくらい暗い性格だったと思います。私は小中高大学の一貫女子校に中学受験で入学したのですが、小学校からそのまま上がってきた子たちともなじめず、とにかく教室にいても独りでリラックスしたことはほとんどありませんでした。

ただ、ピアノは続けていたので、合唱祭などでは伴奏を任されました。ただし、これも心配と緊張の連続です。楽しく伴奏をすることもなく、心の中は失敗しないで弾くことだけ。でも、やらされていたとはいえ、中学・高校と伴奏者を続け、「このまま大学に進むより、音楽もいいかな」と思い、大学は音大を受験しようと思ったのです。

しかし、心配症であることは変わりません。こんな状況で音大など受かるのか、私の心配はここでも大きくなっていったのです。

音大受験に失敗。試験会場は地獄にしか思えなかった

あまり好きになれないピアノで音大受験。いま思うと、イメージが悪すぎたのがわかります。しかし、心配症の中で生きてきた私は、ほかに何かやりたいという前向きさもなく、可能性の選択肢を自分に与えることもできなかったのでしょう。

苦しいのに音大を受けるのですから、とにかく失敗しないで合格しようとピアノの練習を続けていました。

迎えた受験当日。ピアノ実技の試験は受験生1人ひとりが試験官の前で演奏します。椅子が並んでいて、1人が終わると1つずつ順番にずれていくといった感じで、自分の番が近づくにつれて緊張の度が増していきます。おそらくどの受験生も緊張はしているのでしょうが、心配症の私は緊張を通り越して怯(おび)えにも近い感情が湧き起こっていました。

というのも、実は前の年に受験した人に、実技会場に向かう前に話しかけられていました。「いやあ、あそこは本当に緊張するよ。なんか上っていくと地獄に近づいていくみたい」と。

その光景を実際に目の当たりにした私は……。

なんと実技会場は上階にあって、会場までの階段に椅子が1つ置きに並べられていたのです。こんな試験方式は初めてです。つまり、1人が弾き終わると上に移動して座っていく……。私に話しかけた人が言った地獄への光景が、そこに広がっていたのです。

いま思うと、私に声を掛けた人のひと言が心配症の私に大きなプレッシャーをかけたということがわかります。受験がうまくいく人は、待っている間の階段が自分にとってのさらなるステージや光り輝くものに見えたでしょう。自分を表現することにこれから向かっていくんだという思いで楽しんで実技をこなすかもしれません。

でも、私に見えたのは地獄でした。

当然、試験には落ちてしまい、一浪して（今度はわかっていたので）音大に合格することができました。でも、大学生活のある出来事で人生の転機、いや転機の前兆といっていいかもしれませんが、私の心を救った事件が起こったのです。

死にかけた大怪我の中でかけられた、私の心を書き換えてくれた言葉

大学に行っても自分を出すことができず、ピアノでも表現するという最も大事な部分を出せずにいました。華やかな舞台で演奏する音楽という世界で、自分を思い切り表現できないということは、ピアノを学ぶ者にとっては致命的です。

不安症はそのまま自信のなさに表れていました。

そんな大学に通っている20歳のとき、スキーに行って大怪我(おおけが)をしてしまったのです。

夕方に最後の1本で終わりというときに、直滑降で滑ってきた中学生にぶつかって

しまい救急車で病院に運ばれました。腎外傷という大怪我でした。寝返りも打てず、動いたら出血というのを繰り返し、絶対安静の状態でした。スキー場近くの病院に運ばれましたが、少しよくなって実家の近くの病院に移転する際も大出血。血圧も50‐20と下がり、苦しくて死ぬかと思いましたが、輸血のおかげで一命を取りとめることができました。

そんなことを繰り返し、結局退院まで半年かかってしまいました。

大学も専攻科へは行けなくなり、それを知った大学の友人たちがお見舞いに来てくれました。でも、トイレにも行けず寝たきりの私にとって、友人たちはまぶしすぎてうらやましいという思いだけでした。

そんな落ち込んでいる私を見て、病棟担当の若い先生が「渡邉（旧姓）さんは生きる力がありますよね」と言われたんです。

たしかに、何度も死にかけては生き返ることを繰り返していましたから、私に生きる力があると言われたときは衝撃を受けました。

これまで不安の中に生きてきて、こんな言葉をかけられたこともないし、そんなことを思ったことがありませんでしたから。

初めてベッドから降りて1人で歩けるようになったときほど、ふつうに歩けることが幸せなことなんだと感じたことはありませんでした。

退院が近づくにつれて、先生の言葉の大切さに気づき、いままで自分がやってみたいと思ったことをやってみようという前向きな気持ちになれたのです。

しかし、そんな思いが本当にやってくるまでは、それから10年以上の年月を要したのです。

その頃の私は、電車の中で腹痛から過呼吸になり、電車を降りてホームで倒れたり、人ごみの中で気分が悪くなり、手のしびれや目の前が真っ暗になったりを繰り返していました。また、ストレスを感じやすく、緊張や不安から呑気症（無意識に大量の空気を呑み込む）もたびたび引き起こしていました。

きっと不安から身体が極度に緊張していたのだと思います。

不安の中に長いこと居続けてようやく見えた光

私は在学中にもピアノを教えていたのですが、その後、結婚してからもピアノ教室や自宅でピアノ講師として仕事を続けていました。

言ってはいけないのでしょうが、ピアノ講師という仕事もただ音大を卒業した肩書だけでやっていて、心から楽しいと思えることではなかったのです。

それでも結婚をして、子どもが生まれ、仕事と家事、育児と不安が再燃していました。とくに育児に関しては夫も仕事が忙しく協力的ではなかったので、自分1人で抱える不安とイライラで、多くの女性が抱える育児ストレスと同じように、ただ頑張るしかありませんでした。不安を抱える多くの人と同様、うまくいかない自分を責めていた、そんな生活でした。

しかし、1人目の育児になれると、その後の2人目、3人目の子どもを育てる際は、ピアノ講師としても主婦としてもうまくこなせるようになり、この生活がふつうのものとなっていきました。不安の中に生きる私にとって、いまの生活を変えることは不安だったのでしょう。

私が、なんとかこの状況から抜け出すには何かが必要でした。夫が仕事で開業し、その手伝いをすることになり、ピアノ講師を辞めることになったのですが、充実感はなく、私の思い描いた人生は変わることはありませんでした。

そんなとき、夫の母親がガンになり、義理の母親の話を聞いてあげているうちに、「話を聞くってなんだろう」と考えるようになり、カウンセリングを勉強しようと思い立ったのです。

もちろん、これが自分が新しい一歩を踏み出すきっかけとなるという確信はありませんでしたが、20歳のときに医者から言われて前向きになった感情がよみがえったのです。

あのとき言われた言葉を思い出すには、15年の月日がかかりました。でも、不安から抜け出すにはまだまだ時間がかかったのです。

カウンセリングの勉強をしながら自分自身がカウンセリングを受けていた

不安はいまだ克服されないままでしたが、カウンセラーの専門学校に通い始めました。そのときは産業カウンセラーになろうと思い、催眠療法やらとにかくいろいろなものを吸収して資格を取りました。

正直、自信はまったくありませんでした。しかし、人から自信を持ってからだと言っていたらいつまで経っても仕事ができないよと言われ、翌年には産業カウンセラーとして独立しました。

しかし、いきなり産業カウンセラーを名乗ってもダメだろうなと、その不安から脱出することができません。もっと勉強するしかないと大学でも勉強しようと思わずにはいられませんでした。おそらく勉強を続けることで不安から逃げ出そうとしていたのかもしれません。そこで、編入試験を受けて、大学で心理学を学び、認定心理士の資格を得て、臨床心理コースがあった別の東海大学大学院に通いました。

臨床心理の授業では、実際にクライアントさんの相談事を解決していく実践的な授業で、さまざまなワークを通してクライアントさんの追体験を行います。

実は、それが衝撃でした。

なぜなら、自分自身がワークをすることで心が癒されていったからです。

大学院で臨床心理を学ぶ方は、実際に私と同じように不安だったり、自分に自信がなかったり、学ぶことでそれらを克服しようとされている方が多かったのですが、私はその中でもかなり深刻なほうでした。いろいろなセラピーを通して深い過去に戻っていったせいか1つのワークを終えるのも一番遅く、自分には価値がないと思って生きてきたことに気づいたからです。

そこに行き着いたとき、私は大泣きをしていました。

30年以上、不安の中で生きてきて、それは周りの環境だとか母親の影響だとか思って、何も進めなかった私。でも、それは自分自身の価値をみずから低く見ていた思い込みにすぎなかったのです。それに気づいたとき、カウンセリングという仕事がこれからやっていく仕事なんだなと思えてきたのです。

そんな体験を通して、結局は私自身がカウンセリングを受けていたのだと思います。最初は義母の話を聞いてあげようと思って始めたカウンセラーの勉強は、実は自分のために学んでいたのです。

しかし、さまざまなワークを学んだおかげで、自分が不安に感じたときにどんなワークが有効かということもわかり、対処法が見つかっていきました。

いまも不安にならないということは１００パーセントありませんが、自分が不安になっている状況に気づき、それに対する処方箋を自分で出せるので楽になっています。

不安な人たちに寄り添える「不安専門カウンセラー」という仕事

東海大学大学院や各学会、ワークショップで学んださまざまなワークをもとに、より実践できるよう在学中に溝口クリニックの溝口徹先生のところでカウンセリングをさせていただいたり、大学でカウンセリングをしたりと、多くの引き出しを持つことをしました。

そして、大学でのカウンセリングをしながら、不安専門カウンセラーとして西鎌倉に「メディカルスパ西鎌倉」、続いて横浜のみなとみらいに「メディカルスパみなとみらい」を開業しました。

とくに宣伝をすることはなかったのですが、始めた頃からクライアントさんが相談に来てくれて、続けていくうちに口コミだけで月に80名以上のカウンセリングをこなしていました。

そのときは大学でもカウンセリングや健康教育講座を10年以上していましたが、現在は自身のクリニックのみで月50人以上の方が相談に訪れています。

私自身が30年以上、不安の中で生きてきたからこそ、クライアントさんに寄り添えるのかもしれません。ふつうのカウンセラーは話を聞くだけというのが多い中で、それぞれの方の情報収集を通じてその方の性格を分析し、「では、こんな不安が訪れたらこんなワークをしてみてください」などとお伝えできます。

薬を飲んでいる方などは、ただ受動的に症状がよくなるのを待っているだけで、家でも自分の自律神経のバランスを整える方法を知っているだけでも効果が現れるからです。

むろん、カウンセリングのお金を払ってまでよくしたいと思っている方たちなので、ただ話を聞いてもらうのではなく、実際によくなる方法を提案することで「助かります」「ありがたいです」という言葉もいただいています。

とにかく、私自身がそうであったように、クライアントさんのモチベーションを上げることが私の仕事なのかもしれません。

私も30年以上悩まされてきた不安。では、不安の正体とは何なのでしょうか。

実際に、不安は誰にでも起こり得る感情です。不安があるからこそ人間は進化を遂げてきたといっていいかもしれません。しかも、不安になる人は繊細で真面目で頑張り屋が多いのも事実。ですから、まずは不安を極度に恐れないこと。そして、誰でも簡単に克服できるものだと信じることです。

とはいっても、私も長年その正体を知らずに生きてきました。不安の正体を知ってしまえば、それに対処する方法はいくらでもあるのです。

第2章

不安の正体って何だろう？

ココロ

動物には恐怖に対する防御本能が備わっている

動物には、危険を察知するとそれを回避しようとする**「防御行動システム」**が備わっています。危険というのは、もちろん捕食者と被捕食者の関係です。すべての動物は進化の過程で、そうしたさまざまな脅威を回避するための反応をいくつも持っています。

カリフォルニア大学のマイケル・ファンセロウ教授は、ラットを使った実験で、防御反応の程度を研究した論文を発表しています。それによると、差し迫った防御の度合いは、捕食者の空間的・時間的距離に影響されることがわかったのです。

空間的・時間的距離とは、捕食者が襲ってくるときの場所（空間）や襲ってくるときの速度（時間的距離）により、防御反応が違ってくるということです。たとえば、ガゼルの周りにハイエナとライオンが差し迫ったとき、ガゼルはハイエナから逃げる前にライオンから逃げようとします。ライオンのほうが、空間的・時間的距離がガゼルにより近いからです。

そうした反応には、次の3つのレベルがあります。

●恐怖レベルが低い

捕食者に遭遇する前の防御モードで、捕食者に狙われやすい食事のパターンなどを変えたりします。

●恐怖レベルが中程度

捕食者に気づき、その距離や捕食者がとらえる速度が一定に保たれているとき、ラットはすくみ反応をします。すくみ反応とは動物の恐怖反応の1つで、身体を動かさずじっとしている行動です。

●恐怖レベルが高い

捕食者に捕まらないように逃げる行動をします。よく見かけるのは、北米に生息するリス科のプレーリードッグは、危険を察知するとすぐさま巣穴に逃げ込みます。このように、動物によって防御行動はさまざまです。

以上のように、動物の生き延びるための防御行動は、学習された恐怖によって進化していきました。この防御反応は当然、人間も動物ですから備わっています。

太古より人間は不安とともに進化してきた

大昔、人間がまだ原始人と呼ばれていた時代、そこにはたくさんの捕食者たちがいました。木の上での生活から地面へと降りて長い間、人間は火を使うことによって自分たちを襲う猛獣を追い払いました。

しかし、それでも安心して生活することはできません。夜にサーベルタイガーが吠(ほ)える音を聞けば、逃げる準備をするか闘う用意をしなければならなかったでしょうし、集団の全員が眠りについてしまえばいつ襲われるかわからないので、交代で見張りを立てていたことでしょう。

結局、不安な感情がなければ命を落としかねません。猛獣との闘い方を事前に計画しないでやみくもに突進していけば簡単にやられてしまいます。また、集団で攻撃するにしても、猛獣の急所を知らなければ、多くの犠牲者が出ることでしょう。

こうした防御行動は、前項で説明したように人間の進化そのものです。

ただ、こうした進化の過程においては、不安や恐怖を顧みず行動した人もおおいに貢献しています。たとえば、猛獣の急所を知るために命を落とした勇敢な人もいたはずです。毒のある木の実を最初に食べて亡くなってしまった人もいるかもしれません。

ですから、いつも不安を感じて、何も行動を起こさなければ新しい道を切り開くことができなかったことも事実です。そう考えると、人間には特別に不安を感じる人と不安を感じない人が存在していそうです。

太古の時代から、危険を感じ、リスク管理ができた人が今日まで生き延びてきました。では、生命を脅かす状況で働く防御本能と現代における不安という感情は同じものなのでしょうか。実は、恐怖と不安の区別は、行動の観点からは現在までの研究では、はっきりと区別することができないとされています。

人間は、捕食者に命を脅かされるという脅威がなくなりましたから、ほかの動物のような反応はありません。しかし、恐怖の刺激を与えると、その刺激により防衛行動を起こすことが動物の実験により証明されています。

ですから、現代人は**「不安➡恐怖➡パニック」**という形で反応が現れます。恐怖やパニックといった反応は、たとえば災害や事故などごく限られた状況でしか現れません。むしろ、恐怖レベルの低い状況で、漠然とした不安を感じる時間が多くなっています。

現代人が抱える不安の正体

捕食者がいない恐怖レベルが低い段階でも、不安によるリスク管理は動物に備わっているということがわかりましたが、漠然と不安を感じる現代人にとっての不安は、どこから呼び起こされるのでしょうか。

これは脳内物質（脳内ホルモン）の影響だとされています。

いくつかある脳内ホルモンの中で、3大脳内ホルモンといわれるものがあります。**「セロトニン」「ノルアドレナリン」「ドーパミン」**と呼ばれるものです。そして、精神の安定に寄与する脳内ホルモンが「セロトニン」です。

人は過度なストレスを受けると、ノルアドレナリンという神経伝達物質が放出されます。このノルアドレナリンの分泌が高い状態が続くと、健康にも悪影響を及ぼします。血圧が高くなり、覚醒したような状態が続きます。不眠症を引き起こしたり、人に対する攻撃性が増したりなどの症状が現れます。また、突然のめまいや動悸（どうき）に襲われる「パニック障害」は、ノルアドレナリンの分泌バランスの異常によるものといわれています。

いっぽう、ドーパミンという神経伝達物質は、簡単に言ってしまえば「やる気を出すホルモン物質」です。幸福感（喜びや快楽）をつかさどるホルモン物質といえます。

ドーパミンは楽しいことをしているときや目標が達成されたとき、好きな音楽を聴いているときなどに分泌されます。そのため、逆にドーパミンが不足すると「意欲が出ずに無気力になる」「感動しなくなる」といった症状が引き起こされると考えられています。また、ドーパミンは運動にも関係するホルモンのため、ランナーズハイのような現象も引き起こします。そのほか、「ＡＤＨＤ（注意欠如・多動性障害）」もドーパミンの分泌バランスの異常が原因の１つであるといわれています。

さて、このノルアドレナリンもドーパミンも適切に分泌されれば問題ないのですが、いずれも分泌バランスが壊れると精神的疾患を伴う原因にもなります。

そこで登場するのがセロトニンです。**セロトニンは、この2つのホルモン分泌をコントロールして、精神の安定を保ち、心のバランスを整えてくれる働き**をしてくれます。つまり、ノルアドレナリン（ストレスを抱える物質）の作用を抑えて不安を鎮め、ドーパミン（限りない快楽物質）の作用を促して満足感を与えてくれます。

しかし、セロトニンは放出されたあとに分解されてしまいます。そのため、脳を構成する神経細胞（ニューロン）をつなぐシナプスに回収されリサイクルできる仕組みが備わっています。

このセロトニンを回収するのが**「セロトニントランスポーター」**といわれるものです。このセロトニントランスポーターが少ない人はセロトニン不足になり、不安になるといわれているのです。

日本人は不安になりやすい特有の民族だった

1996年、ヴュルツブルク大学精神医学部のペーター・レッシュらがセロトニン分泌に関与する研究を発表しました。

それによると、セロトニントランスポーター遺伝子の型には、染色体に**「SS型、**

SL型、LL型（Sはショート、Lはロング）があり、この遺伝子型を持つ人の割合は国や民族によって異なるということがわかったのです。

S型の遺伝子を持っている人は不安を感じやすい人、L型の遺伝子を持っている人は楽観的な人で、SS型はとくに不安を感じやすい、LL型は超楽観的、SL型はその中間という感じです。

そのため、このS型遺伝子は**「不安遺伝子」**と呼ばれています。

そして驚きは、セロトニントランスポーター遺伝子は国や民族によって割合が異なり、S型の割合はアジア人が最も多く、L型の割合はアフリカ人が多いという結果です。

S型遺伝子が多い順に挙げると、日本人80・25％、中国人75・2％、台湾人70・57％、スペイン人46・75％、アメリカ人44・53％、南アフリカ人27・79％です。調査によると、日本人はSS型が最も多く、68・2％（アメリカ人のSS型は18・8％）も占めています。

ちなみに、LL型の遺伝子はアメリカ人が32・3％なのに対し、日本人はたったの1・7％にすぎません。セロトニントランスポーター遺伝子が少ないSS型の人は、セロトニンがシナプスに回収されず、慢性的なセロトニン不足に陥ります。

つまり、日本人は遺伝的にも、もともと不安を感じやすい民族なのかもしれません。


こう考えると、そうだなと思う節はたくさんあります。

そもそも日本列島は地震や台風などの災害も多く、そうしたリスクにはほかの国より敏感でしょう。また、お金に関しても貯蓄率は世界1位で、その額はなんと1兆4274億35万ドル（1ドル130円で計算して、日本円で約185兆5620億円）にのぼります。貯蓄して安心する（不安から逃れる）という、まさに日本人の特徴です。

さらにわかりやすいのは、世界から見る日本人の印象です。アメリカ人や欧米の人たちは、自分の意見をはっきり主張しますが、日本人は人の意見を聞いてから発言します。奥ゆかしいといわれればそれまでですが、日本人は何を考えているかわからないという人もいたりします。

でも、こうした行動も不安遺伝子の多い日本人なら、意見を主張したら他人を傷つけてしまうのではないかという不安から築かれた性質ともいえます。

例を挙げたら、どれも不安遺伝子によるものではないかというくらいキリがありません。ただ、不安遺伝子を多く持つ日本人が多いという結果から、不安になることが実はふつうのことだったということがおわかりいただけたのではないでしょうか。

不安になるのは当たり前。それに気づいていることが大切

不安を抱える人が多い日本人。でも、大切なのは、私たちの祖先はそういう人の集まり、だから**不安になるのが当たり前なんだ**と思うことです。「私だけなんで？」と思う必要などありません。誰しもそういう傾向があることを知っておくことが大切です。

いまの日本の状況を考えてみてください。たとえば働き方。日本は長い間、終身雇

用が保たれてきました。定年まで同じ会社で働き、退職金をもらって老後も安定的に暮らすことがよしとされてきました。それがいまでは完全に崩壊し、このまま会社で仕事を続けていけるのかなんて誰でも不安に感じます。

もう30年も給料が上がらず、貯金をしても金利はゼロ。老後の生活はどうなってしまうのだろうかと不安に思うのはあなただけではありません。

世の中の進歩についていけず、ラインもチャットワークもわからないなんていう人も、見わたせばたくさんいます。

人間関係も同じです。多くの人が不安だという日本人が多いのですから、お互いを気遣ってコミュニケーションが円滑に進まないということもおおいにあるでしょう。会議が長く、なかなか意見が出ずにまとまらないということも、日本人の性質だとも考えられるでしょう。

もしかしたら、これらは不安を感じる人が多く存在する「日本人あるある」なのかもしれません。世界から見ればガラパゴスな日本ですが、日本人だからこその特徴だと気づけば、少しは不安が軽くなるのではないでしょうか。

誰もが漠然とした不安を感じる世の中です。しかも、不安を感じずに生き残れないのが人間なのですから、あとはその生きづらさを少しでもよくしていくしかありません。

私のカウンセリングを受けに来るクライアントさんも、少しでもよくなりたいという思いで足を運んできます。そこには**「いまの自分を変えたい」**というはっきりとした意思があるからこそ行動を起こしているのです。

ですから、この本を手に取って読んでいただいているあなたも同じです。不安になるのは当たり前。そこからがスタートです。不安の正体がわかれば、その対処法はいくらでもあります。

さあ、いよいよカウンセリングの始まりです。

第3章

カウンセリングルームへようこそ。
さまざまな不安を軽くする方法

ココロ

仕事をうまくやっていけるだろうかという不安（リストラの不安も）

仕事に対する不安というものは、生きていれば必ず何度か訪れるものです。やはり経済的な面も絡んできますから、「この先、いまの仕事を続けていけるのか？」「このままいけば、いつかリストラされるのでは？」といったことを考える人は少なくありません。

こういった人は、もともと真面目で責任感が強い人が多く、いまの仕事が思うようにうまくいかないことで不安がドンドン大きくなってしまいます。

また、性格がやさしく、他人に尽くすため、できないことに意識が向き、自分自身を責める傾向にあります。

たとえば、社会の流れに乗れないのではと不安になり、それがどんどん〝**ネガティ**

ブの沼〟へとはまってしまうケースがあります。

急激なIT化によって仕事への対応が激変し、ネットワーク関係も複雑になって部下の管理も自分のスケジュールもすべて一括化。しかも、近年ではDX（デジタル・トランスフォーメーション）により業務そのものだけでなく、組織やプロセス、企業文化や企業風土まで変革するというのですから、当然これまでの仕事の形態がガラリと変わってしまいます。デジタル技術が基本ですから、もう若い人たちについていけないのは当たり前です。

移動通信システムの5Gが叫ばれた頃は、50代のITオンチのおじさんは50G（50代のじじい）などと揶揄されたくらいです。

さて問題は、こうした激変する世の中に何としてでも対応していこうとする真面目な人たちです。彼らは責任感、それも自己責任感が強いために、こうした技術についても〝完璧に〟活用できるよう努力します。

しかし、若者はこれを難なく使いこなし、しかも便利な道具として活用しています。いっぽう、不安を感じている人は使い方を覚えるだけで精いっぱい。それを活用して仕事を効率化するにはままなりません。しかも、覚えるために時間を取られすぎて本来の仕事もはかどりません。

これでは本末転倒です。しかし、いまは残業も厳しく管理（というより、自分が残業をしないように指導する立場）されていますから、仕事でも成果が出なくなってしまうのです。

わかりやすい例として挙げてみましたが、とにかくいまの仕事のスピードにはついていけず、意識が不安にばかり向くと、それがドンドン大きくなってしまいます。そして、ネガティブな感情を反芻（はんすう）してしまうため、ズブズブとネガティブ沼へと入り込んでいきます。

不安はこうして大きくなっていくのです。

先ほども述べましたが、不安な人は「完璧主義、真面目、責任感が強い、優しい（他人のために尽くす）、自分を責める」という傾向があるため、以下のようなループで不安が大きくなっていくのです。

★不安の沼へはまっていくループ

導入された新しいシステムを使って組織（チーム）に貢献できる人間になろう
＝**責任感**

⬇

そのためには、このシステムを使いこなすだけではなく応用できるようになろう
＝**完璧主義**

⬇

わからないところもあるが、部下に聞いたら迷惑をかける＝**他人に優しすぎる、気を遣う**

⬇

わからないところは自分で調べて何とか解決しよう＝**真面目**

⬇

どうして自分はうまくできない、使いこなせないんだ＝**自分を責める**

⬇

ネガティブな感情で不安だけが大きくなっていく

この繰り返しで、ついにはネガティブ沼へ

不安な人は、自分ができていないところばかりに意識が向きます。

そんなとき、私はカウンセリングで「なぜ不安に思うのか?」といった話をじっくりうかがいます。というのも、このケースの人たちは、いままでできたこともたくさんあるのに、それを忘れてしまった人が多いからです。

そこで、話を変えて過去の話をうかがいます。

たとえば、高校の部活時代の話を聞いてみると、運動部のキャプテンをやっていたとか、文化部の部長をしていたという人がけっこういます。

そこで「いままではどうやって乗り越えてきましたか?」と質問してみます。

これも大切な質問です。この質問により出来事のとらえ方のフィルターが変わるからです。

そこで自分のリソースを思い出してもらいます。つまり、過去に自分が乗り越えたことや力を発揮した場面を思い出してもらうのです。

すると、自分の中にある肯定的な力を感じ、ふっとネガティブな感情から抜け出せる人が多くいます。さらに詳しく聞くと、試合で一発逆転をしたとか、部の活動で金賞をもらったという話をしてくれます。

そういったことを思い出してもらったとき、私が**「リフレーミング（視点や見方を変える）」**していくと、クライアントさんも「意外と逆境に強いんだな」ということに気づきます。それまでは不安というフィルターでしか自分を見ていませんでしたから、できるということに気づいてもらえればいいのです。

そこで最後に、こんな質問を投げかけてみます。

「では、いまの仕事に対して何ができますか？」

答えは自分の中にあると思うことが大切です。ないと思えば出てきませんが、あると思うとできることが出てくるものなのです。

そして、不安に感じていることに対して「何が問題か？」を具体的に書き出してもらいます。それらを1つ1つ取り上げて、その問題に対する対処方法をリスト化していきます。見えるだけで安心する人が多いからです。

では、同じような不安を感じているあなたに、クライアントさんのカウンセリング法を通して具体的にやっていただきたいことがあります。

それは**「1日1回、気持ちのよい時間をつくる」**というワークものです。

やり方は簡単です。自分をポジティブにしてくれるものを事前に10〜30個くらい書き出しておいて、その中から今日1日でやることを決めます。時間は20分間くらいで気分がよくなることで、これを毎日、できれば同じ時間帯に1週間くらい続けます。

1週間続けると、何もしなくても同じ時間にポジティブになることができます。気持ちのいい時間が潜在意識にインプットされ、デトックス効果が得られるのです。

ネガティブ感情をポジティブ感情に切り替える方法

ネガティブな感情になりやすい人は、ほかに何をしたらよいのでしょうか?

それは**早めに対処すること**です。ネガティブな感情は反芻しポジティブな感情はシャボン玉のように消えやすいという特徴があります。ですから、なるべくネガティブな感情をなくすための「感情の切り替え方法」を行います。それは**「運動、音楽、フローな状態、書くという方法、呼吸法や瞑想」**の5つがあります。

運動をしたり好きな音楽を聴いたりすることがいいのは、多くの人が実感していると思います。運動をすると脳内ホルモンのベータエンドルフィンが分泌され、一種の幸福感を感じることができます。

臨床データとしてもありますが、週に3回程度30分の有酸素運動（少し呼吸が上がる状態）をしてもらい、「運動をして薬も服用している人」「運動だけをしている人」「薬だけ服用している人」の効果測定をした結果、一番効果が高かったのは「運動だけをしている人」だったそうです。

私のクライアントさんに聞いてみると、「あっ、最近運動をしていませんでした」という人がたくさんいます。運動は、健康面はもちろん精神面にもよいことがわかっています。

フローな状態というのは、**とにかく時間も忘れて没頭できるもの**に取り組んでみることです。

これは何でもかまいません。クライアントさんの中には、とにかく人間ウォッチングが好きで、カフェの窓から歩く人たちの姿をボーッと観察するという人がいました。また別のクライアントさんは、お皿洗いをして水が流れていくのがとにかく好きだという人もいました。

大事なのはそういった時間が大切だということを知っておくことです。

次に、書くという方法には2種類の方法があります。

1つは**「ジャーナリング」**という気分表現法です。1日の中で15分ほど時間を取って、何か嫌なことがあったら、それを感情のままに吐き出した言葉でノートに書きなぐるのです。

正直、汚い言葉になってしまいますが「あの野郎死ね！」とかでもいいんです。大事なのは嫌なこと、怒りなどを思いのままノートに放つのです。

実は、ネガティブな感情をそのまますべて吐き出してしまうと、それがプラスに働いて客観的に自分を見られるようになったりします。そうした面を自分で自覚できれば効果があります。ジャーナリングはいわば浄化作業ともいえます。

マイナスのことを書くのが嫌だという人には、書いたあとにそれをぐちゃぐちゃに丸めたり、破ってしまったりして捨ててしまっていいです。クライアントさんの中には「日記のように何冊も貯めておくだけで気持ちよく寝られます」という人もいますが……。

それでもちょっとこの方法は……という人にはもう１つ別の書く方法があります。それは**「1日の中でよかったことを3つ書く」**という方法です。この方法は実験でも実証されていて、１週間続けたら幸福感がアップします。あとはよかった出来事を書くのだけではなくて、焦点を広げるために、「何をしたらよかったのか？」というところまで具体的に書くことも大事です。

ただ、不安で私のクリニックを訪れる人は、いきなりよかったことを書くというのが難しいことのほうが多く、慣れないとなかなか出てきません。

あるデザイナーのクライアントさんの話ですが、３・11の東日本大震災のあと働くことができなくなって、私のところにパートナーの方に連れられて来たことがあります。私がこの方法を提案すると、「もういいことは何もないから書けません」と生きる気力すら失っていました。

そこで、「パートナーの方に聞いて書いていただいてもいいので書いてくださいね」とお伝えしたら、3カ月後には「いいことがいっぱいありました」と、服装もおしゃれになって仕事にも復帰されました。

視点や見方を変えることで、それまでのネガティブでしかなかった脳のニューロンのつながりをポジティブのほうに強化していきますので、こうした方法も有効です。

最後の5つ目の方法、呼吸法や瞑想というのは心をリラックスさせる方法として、多くの本でも紹介されています。マインドフルネスやヨガなど、ここで説明するまでもないでしょう。

ただし、不安な人は真面目にやろうとしてしまい、何だか勉強してからでないとできないという人が多いので、あまり堅苦しくない方法をここで1つ紹介しましょう。

単純な「リラックス+呼吸法」で、息を吐きながら不安や緊張を感じて固くなってしまった身体を緩めるだけです。これだけで気持ちも緩まります。

不安や緊張を感じると人は自然と身体も硬直します。そうなっていたら、たとえば温泉に入って、「はぁ〜、いい気持ち」と言っている「はぁ〜」の呼吸を意識しながら息を吐きます。固まっている部分の力を脱力させる意識で身体を緩め、鼻から新鮮な空気を吸います。これを2、3分行うだけで心が落ち着いてリラックスしていきます。緊張感が高い人は、呼吸が浅いという人が多いので、息を吐きながら「はぁ～」とリラックスすると深い呼吸ができるようになります。

以上、5つの方法を紹介しましたが、どうしよう？　と過去や未来に意識を向けるのではなくいまに意識を戻して、とにかく**「五感（視覚、聴覚、味覚、嗅覚、触覚）」**を使うと不安は消えていきます。

いまの社会は、五感で感じることが少なくなってしまいました。不安を感じる人の多くは五感で感じることがほとんどなく、それゆえに世界が遮断されてしまっている感じです。昔と違って裸足で歩くということもなくなりました。

たとえば、裸足でなくてもいいですが、歩きながら不安や思考にとらわれるのではなく、緑がきれいと感じる、鳥のさえずりに耳を澄ます、空気の匂いや花の匂いを嗅ぐ、木を触ってパワーを感じるなど、考えごとをしながらではなく、五感で何かを味わいながら歩くだけで不安は消えていきます。

仕事でミスをしないかという不安（上司から怒られてしまう不安も）

仕事でミスをして、過去に上司から叱責（しっせき）された経験があると、「またミスをして怒られるのではないか……」「怒られたらどうしよう……」と過剰に不安になってしまいます。

また不安を感じやすい人は、自分が怒られていなくても、周りの人が上司から叱責されている声を聞いているだけでも影響を受けてしまうことがよくあります。

これは、人間の脳には**「ミラーニューロン」**という神経細胞があって、他人の動作や感情などをまるで自分がしているかのように認識してしまいます。

ミラーニューロンは「ものまね脳」「共感脳」ともいわれており、「うれしい・悲しい」といった感情も自分のことのように感じてしまうのです。

たとえば、テレビの旅番組を見ていて広大な景色が映し出されると自分の心も出演者の気持ちと同じように高揚したり、寒い海に飛び込むシーンを見ていて恐ろしく寒気を感じたりします。

いっぽう、このミラーニューロンの働きがよい方向に向かうこともあります。たとえば、成功している人の考え方や行動に共感すると、それが脳にコピーされて行動をまねるようになり、自分もその人のようになっていくという場合です。

これがミラーニューロンの働きです。

ミラーニューロンには個人差があります。とくに不安になりやすい人は、この神経細胞が過敏に働きます。上司が仕事ができて、性格もいい人ならいい影響を与えますが、多くの場合はその逆の職場が多いのも事実です。

たいていの場合は、上司が怒鳴ったりするので、同じ職場にいる人たちは脳に影響を受けて、雰囲気も暗くなります。さらに、自分が叱責されたことに不安を感じる人であれば、職場にいるだけでも暗くなってしまいます。

このような状態が毎日続くとストレスで自律神経のバランスが崩れ、身体にさまざまな症状が出始めます。

朝起きることができない、よく眠れない、食欲がなくなる、やる気が出ないなどの症状が続き、会社に行きたくない、実際に会社に行けない（＝適応障害）となってしまいます。

会社でのこうした不安は、過去に上司から叱責されたという経験をしたということもありますが、そうした経験がなくても、ミラーニューロンの働きによって大きく影響を受けているのです。

もともと不安を感じやすい人は、繊細で敏感な人が多いので、人の機嫌に敏感で顔色をうかがうようなところがあります。また、周りの人のイライラや職場のピリピリした雰囲気を感じ取ってしまいます。

そんな中で、「聞きたいことがあれば、いつでも来ていい」と上司に言われたとしても、自分が聞きたいことも聞きに行けず、かといって、そのためにミスをしてしまったらどうしようと、これまたネガティブ沼へとはまっていってしまうのです。

カウンセリングでは、不安なときに、「どのような内的な会話をしているのか？」ということを詳しくうかがっていきます。

内的な会話とは、簡単にいうと**「自分自身に対して言っている言葉」**です。

たとえば、「上司がいまはなんか忙しそうだし、こんなこと言ったら迷惑をかけるのではないか……」とか、「いまさらこんなことを聞いてバカにされないだろうか……」など、自分自身に言っているのです。

そのうえ、ミスすることも恐れていますから、そうした感情を日中職場で思っていると、寝る前も朝目覚めても内的な会話を持ち続けます。結果、「なんでこんな自分がいるんだろう……」➡「自分はダメな人間だ」と、会社に行きたくなってしまうのです。

とくに朝は顕在意識がボーッとしているので、うつうつとした気分で目覚めますし、内的な会話も嫌な言葉が多く出るようになります。

朝が嫌いだという人には、**「オーディトリー・スイッシュ」**という方法をお伝えしています。これは「NLP（Neuro Linguistic Programming）」という神経言語プログラミングを用いた心理学の分野で、嫌な音（ここでは上司が叱責している音など）に対する認識を書き換える方法です。

★上司の嫌な叱責を消す「オーディトリー・スイッシュ」

❶上司に叱責された言葉（または、ほかの人が言われていた言葉）を音として思い出します。そのときにどんな気持ちか（悲しい、つらいなど）を言語化します。

❷逆に、最高にいい状態を思い浮かべ、あなたにとって「心地よい音」を想像します（あこがれの先輩に「よく頑張っているよ」とか「○○さんって、仕事できるよね」などの励ましや賞賛の声など）。

その言葉を聞いたときにどんな気持ちがするかを言語化します（ワクワクする、うれしい、リラックスできる、安心するなど）。

❸大きなスピーカーと両手にスピーカーのリモコンを持っている姿をイメージします。そして、そのスピーカーから1の嫌な音が聞こえてくるところを想像します。

❹音が聞こえてきたら、スピーカーのスイッチを片方のリモコンを使ってオフにし

ます（実際にリモコンボタンを押すように、指をグッと下に押し下げます）。嫌な音は消えていきますが、それでも嫌な音が聞こえてきそうなら、力強くリモコンのボタンを押して音を消します。

❺嫌な音を消したら、もういっぽうのリモコンをオンにします。ここであなたにとって2の心地よい音が頭の上から光のシャワーのように降り注ぐのをイメージします。そして、そのあとに定着させるために自然音（たとえば、川のせせらぎ、鳥のさえずり、波の音など）を想像し、その音が繰り返し聞こえてくるイメージをします。

その音がずっと聞こえてきたら、深呼吸してリラックスしている自分を感じます。

❻❸から❺を繰り返します（最初はゆっくりと。慣れてきたら早送りする感じで繰り返す）。

❼最後に上司の嫌な言葉（音）を思い出します。そのときに嫌な感じやつらい感じ

が薄まっていたらＯＫです（変化が感じられない場合は、心地よい音を別の音に変えてみる）。

以上が、音によるオーディトリー・スイッシュですが、いずれにしても、朝起きた状態が「自分はダメな人間だ」というような内的な会話になっているという自分に気づくことが大切です。「また、内的な会話が不安の感情からきているな」と自分自身を俯瞰して見られるようになることです。

それだけでも不安が和らいでいきます。実際にクライアントさんの中にも、オーディトリー・スイッシュを毎朝続けたら、会社に行っても上司と話ができるようになり、ミスも

なくなりましたという人がいます。

朝の気分を変えるだけで、「こんなときに上司に相談すればいい」と対策も立てることもできて、「大丈夫かもしれない」「いけるかもしれない」「いまはダメそうだから、あとで声をかけよう」と、意外とスーッと行動に出られたりするのです。

視覚的な方法から嫌な気持ちを消す方法

上司の顔色をいつもうかがってしまうという人には、**「ビジュアル・スイッシュ」**という方法があります。これもＮＬＰの方法ですが、視覚的なもので潜在意識に残っている嫌なイメージを画像によって書き換える方法です。

これは両手を使ってやってもらいます。

まず、手の甲に、いつも忙しそうにしている上司の顔（忙しそうに働いている人の表情は恐く映ります）を１枚の写真にしてそのイメージを貼り付けてもらい、手のひらのほうに自分の好きな写真、たとえば、ペットの写真や自然の写真など、自分が癒される写真のイメージを貼り付けます。

手の甲の上司の画像に近づいていって、シュッと息を吹きかけて画像を宇宙のかなたに飛ばしてしまいます。そのあとで、手を返して好きな画像が天から降りてくるように自分に近づけます。

あとはこれの繰り返し。素早く手の甲の写真を宇宙に飛ばして、天から好きな写真を降ろしていく。これをクライアントさんにしていただき、どんな感じかをお聞きすると、何だか嫌なイメージが消えていくと言います。

このビジュアル・スイッシュという方法は、実はトラウマを消す方法で、嫌なものを好きなものに上書きするテクニックです。

たとえば、親に虐待を受けていて、それがトラウマになっている人にも使います。宇宙の彼方へ消せない場合などは、ブラックホールに吸い込まれるといったイメージをしてもらったりと、方法はさまざまです。

私もこの方法を使ったことがあります。16年間飼っていた愛犬が亡くなって、しかも私の手の中でなくなったので、その光景がどうしても消せず、思い出すたびに仕事

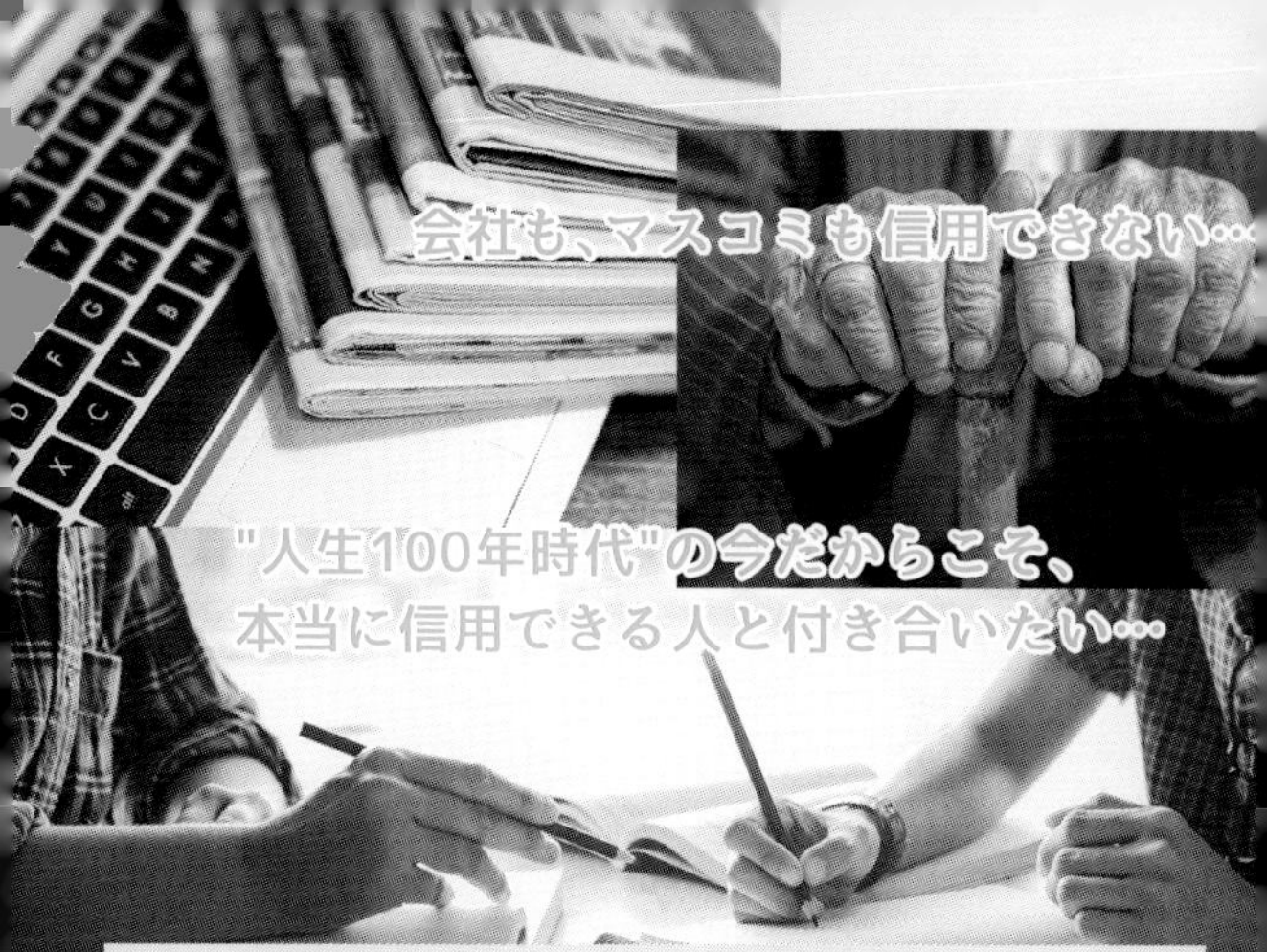
会社も、マスコミも信用できない…
"人生100年時代"の今だからこそ、
本当に信用できる人と付き合いたい…

contents

相手を思いのままに操る
禁断のテクニックをプレゼント。

石井裕之氏

禁断の話術&心理術
「コールドリーディング」の秘訣(動画)

著書累計250万部を超える石井裕之氏(セラピスト パーソナルモチベーター)が、ニセ占い師やエセ霊能者が使う禁断の話術&心理術「コールドリーディング」の秘訣を公開!

一瞬で相手の信頼を得るために「偽占い師が使うテクニック」ストックスピールなどを解説します。

この動画を見ればあなたも、職場の同僚や上司、取引先や気になる異性などから、一瞬で信頼を得ることができるでしょう。

岸正龍氏

見て聞いてはじめて分かる!
エニアプロファイルのキーポイント(動画)

エニアプロファイルを使えば、人間のタイプを
「ビックボス」「スマイリー」「シンカー」
「クール」「ファンラバー」「バランサー」
の6パターンに分類することができます。

6つのタイプそれぞれの特徴や、エネルギーの位置を解説していきます。

また、相手を動かすタイプ別禁断の心理話術も公開!

ぜひこの動画を見て、相手を意のままに操ってください。

どちらも悪用厳禁でお願いいたします・・・

郵便はがき

料金受取人払郵便

牛込局承認

5044

差出有効期限
令和6年5月
31日まで

1 6 2-8 7 9 0

東京都新宿区揚場町2-18
白宝ビル7F

フォレスト出版株式会社
愛読者カード係

フリガナ お名前	年齢　　　歳 性別（ 男・女 ）
ご住所 〒 ☎　（　　）　FAX　（　　）	
ご職業	役職
ご勤務先または学校名	
Eメールアドレス メールによる新刊案内をお送り致します。ご希望されない場合は空欄のままで結構です。	

フォレスト出版の情報はhttp://www.forestpub.co.jpまで!

フォレスト出版　愛読者カード

ご購読ありがとうございます。今後の出版物の資料とさせていただきますので、下記の設問にお答えください。ご協力をお願い申し上げます。

●ご購入図書名　「　　　　　　　　　　　　　　　　」

●お買い上げ書店名「　　　　　　　　　　　　　　」書店

●お買い求めの動機は?

1. 著者が好きだから　　2. タイトルが気に入って
3. 装丁がよかったから　　4. 人にすすめられて
5. 新聞・雑誌の広告で(掲載誌誌名　　　　　　　　)
6. その他(　　　　　　　　　　　　　　　　)

●ご購読されている新聞・雑誌・Webサイトは?

(　　　　　　　　　　　　　　　　　　　　)

●よく利用するSNSは?(複数回答可)

□Facebook　□Twitter　□LINE　□その他(　　　　　)

●お読みになりたい著者、テーマ等を具体的にお聞かせください。

(　　　　　　　　　　　　　　　　　　　　)

●本書についてのご意見・ご感想をお聞かせください。

●ご意見・ご感想をWebサイト・広告等に掲載させていただいてもよろしいでしょうか?

□YES　□NO　□匿名であればYES

も手につかないという状態でした。

そこで、いつも癒されていたカウンセリングルームにあるお地蔵さんの写真を使って、悲しい光景を飛ばしてお地蔵さんの写真に変えていきました。愛犬の死を思い出すたびに、「飛ばして、お地蔵さん。飛ばして、お地蔵さん……」とやっていったら、その回数もどんどん減っていき、最後はビジュアル・スイッシュをしなくても仕事に向かえるようになりました。

ですから、嫌な影響を受けたなと感じたときは、とても簡単な方法ですのですぐにやることをお勧めします。

人前で話す、大勢の前で話すという不安

過度に不安を感じる人は、とくに人前で話すのが苦手です。それは相手の反応をうかがってしまい、「うまく話せなかったらどうしよう……」「相手にきちんと伝わるだろうか……」ということを気にしてしまうからです。

人前で話すことは誰でも緊張するものですが、良い結果を出したいと思えば思うほど身体の力が入り声がうわずり、頭が真っ白になってしまうなんてことも。過去に失敗した経験があるならなおさらでしょう。

今度も同じ結果になったらどうしよう……と、その場面を避けようとすると不安がさらに大きくなっていきます。

こうした不安が生じた場合、自分だけのとっておきの場所をつくり出す**「エクセレ**

ントサークル」をイメージすると、人前で話すのが怖くなくなります。

この方法は、最高のパフォーマンスを発揮している状態をいつでも呼び起こせるようにするテクニックの1つです。

たとえば、数日後に結婚式でスピーチをすることになっているとします。このケースでエクセレントサークルをつくるとします。

★不安を解消するために「エクセレントサークル」をつくる

❶スピーチでどんな成果を得ることができたか、その状態を言葉にします。

「どんな状態ならあなたはスピーチがうまくいったと感じますか?」という質問に対して、具体的な状況を言葉にしていきます(何が見えて、何が聞こえて、そのとき何を感じるのか? たとえば、自分の話をうなずきながら熱心に聞いている人たち、自分の堂々とした声や「なるほど~」という聴衆の声、心地よいあたたかさやドシッとした感覚、充実感など)。

❷自分の目の前にエクセレントサークルをつくります。この中に入るとリソースフ

ルな状態（自分の持っている資源や能力を最大限に発揮している状態）にすぐになれる空間（エクセレントサークル）です。

(1)どんなエクセレントサークルだったらリソースフルになれるのか？　外側から見た色・形・大きさを自由にイメージしてみてください。

(2)リソースフルになった出来事を思い出し（そのときに何が見えて、何が聞こえて、何を感じたのか?）、深呼吸をしながらそのことを十分体験し、その状態のままエクセレントサークルに入ってください。さらにリソースフルな状態がふくらんでいくのを感じます。

(3)エクセレントサークルの内側から見た状態は、どんな感じかを十分体験します。

❸いったん、エクセレントサークルから出ます。

❹もう一度、エクセレントサークルに入ります。

ここではすでにリソースフルな状態（自分の持っている資源や能力を最大限に発

揮している状態）になっています。

❺「エクセレントサークルを出る⬇エクセレントサークルに入る」をテンポよく繰り返します。

❻再びエクセレントサークルに入ります。エクセレントサークルに入ったとき、スピーチがうまくいった状態や感情（その風景はどんなふうに見えたり、聞こえたり、感じたりしたか）を言語化します。

❼いったん、エクセレントサークルから出ます。

❽❶でイメージした成果を得た感じに対して、エクセレントサークルを出て感じた不安を言語化します。その不安を感じたまま再びエクセレントサークルに入り、不安が消えていればＯＫです。

❾いったんエクセレントサークルを出て、もう一度、❶でイメージした成果を得た場面をイメージします。どこで、誰と、どんな様子だったか。❽で感じた不安はどう変化していたのかを感じます。

❿最後にエクセレントサークルに入り、最高の状態を十分体験してサークルを出ます。そして、この状態をいつでも取り出したり、しまったりできるようにします。

この方法は、プレゼンをする、会議で発言をする、面接をするというようなときでも使えるテクニックです。

エクセレントサークルをつくると、うまく

いっている状態がいつでも取り出せるようになり、状態と感覚が一致していきます。実際に、脳というのはイメージと現実が区別できないと言われています。いわゆる思い込みというものですが、そもそも不安を感じるのも過去に決めつけてしまった思い込みから生じているものも多くあります。

ですから、いいイメージを最初につくっておいて、それをいつでも取り出すために、あなたの最高のイメージに書き換えてしまうのです。

私がクライアントさんにカウンセリングをするときも、実際にエクセレントサークルをつくってもらい、何度か出たり入ったりをしてもらいます。「どんな人が周りにいますか?」「そのときの身体はどんな感覚ですか?」などと質問をしていき、クライアントさんのリソースフルな状態をつくっていきます。

そして、それをいつでも取り出せるように、具体的に「右のポケットにしまって、いつでも取り出せるようにしましょう」とお伝えしています。

最後に、大切なのは自分の思いが伝われば、それで十分だというくらいの気持ちで臨むことです。たとえ言葉に詰まったり、完璧に話せなくても、聞いている人のハートに自分の声を届ける感覚でいいのです。

まずは、人前で話す前に自分をリラックスさせることです。リラックスと不安は同居しません。まずは身体から余分な力を抜くことが大切です。

✔不安・緊張を感じたらリラックスさせる方法

先ほど、リラックスと不安は同居しないといいました。エクセレントサークルをいつでも取り出せるようになったとはいえ、直前に緊張して身体がこわばっていたら、いい状態で臨めません。

そこで、心を落ち着かせ、ありのままの自分でいられるリラックス法があります。**「グラウンディング」**という瞑想法の一種で、地に足をつける状態を意味します。グラウンディングをすることで自分を貫く軸をつくり出していきます。

★グラウンディングの方法

❶目を閉じて、ゆっくりと深呼吸を3回します（机に座った状態でも、立ったままでもかまいません）。

❷丹田（たんでん）（おへそから指4本分下あたり）にエネルギーのボールがあるとイメージします。

❸ボールをゆっくり下降させ、地球の中心にあるエネルギーと結びついているイメージをします。

❹地球の中心にあるボールを上昇させ、丹田を通過して頭上を突き抜け、宇宙のエネルギーと結びついているイメージをします。

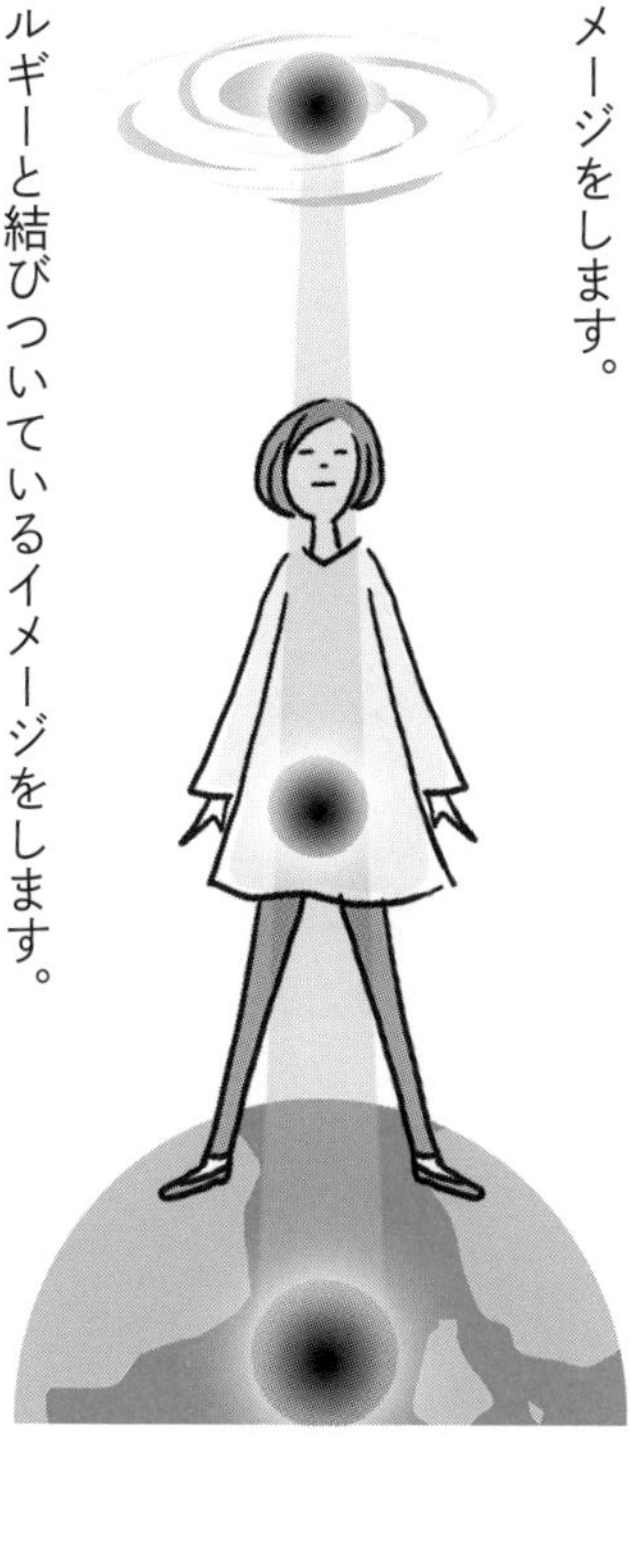

❺宇宙にあるボールを再び下降させ、ボールが丹田に収まるところをイメージします。

❻深呼吸を3回繰り返し、目を開けます。

グラウンディングすると、1本の軸が通り、ブレない自分をつくることができます。すると、周囲の反応を気にすることなく、ありのままの自分で接することができるようになります。

ですから、不安や緊張をほぐすだけではなく、ふだんのコミュニケーションにおいても使えるほか、初めて会う人の前でも自然に話ができるようになったりと、無理のない自分を出すことができます。

また、グラウンディングを毎朝続けると、不安や自信のない態度が消えて人とのつき合いが楽になります。また、周囲の反応を気にすることがなくなることから、仕事や勉強の前には集中力も高まります。

何かと応用できる方法ですので、ぜひ試してみてください。

いま、将来への子どもに対する不安

親なら子どもの将来に不安を抱くのは自然なことです。子どもが大切だからこそ、幸せになってほしいからこそ、不幸になったらどうしようと思うものです。

しかし、不安が酷くなると「子どもが勉強しないでスマホやゲームばかり」とイライラしてしまいます。キツイ口調で、ああしなさい、こうしなさいと言っていると、次第に子どもは親の言うことを聞かなくなってしまいます。

同じ家の中にいると、その親の不安やイライラは子どもにも伝わります（ミラーニューロンです）。そうすると子どもは、自分は親を不安にするイライラさせる存在なんだと思い込んでいきます。

そして自己肯定感、自己効力感が下がり、子どもはますますやる気を失っていってしまうのです。

たとえば、よくあるのは、努力して良い点を取っても、「なんで100点取れないの？」と叱られ、100点を取れない自分はダメなんだ、努力は報われないんだなどの思い込みをつくります。

条件づけでしか愛されない経験を通して、「いつでも頑張って良い結果を出さないとダメなんだ」「ありのままの自分ではダメなんだ」と思い込んでしまい、頑張って結果を出さなければ親に認めてもらえないと思う子どもになっていくのです。

その後、子どもが大人になっても、自己否定や承認欲求が強くなってしまい、人間関係に支障をきたしたり、人生がうまくいかないとカウンセリングに来る人が多くいます。

他人に認めてもらいたい、愛情で満たしてもらおうとする前提は、自分は満たされていないという枯渇（こかつ）した状態です。

他人は自分の思うように満たしてくれないことは多くあります。期待しては裏切られる、その繰り返しになってしまいます。

以上のようなことが、子どもの自己肯定感が低くなってしまう原因です。

子ども自身、どうやったらその悪循環をやめられるのか？

他人に求める代わりに、自分で満たしていくしかありません。最初はエネルギーが必要ですが、それに気づけば変えることはできます。

しかし、子どもの将来に対する不安を抱えてカウンセリングに来る親は、親自身に原因があるということに気づいていません。

それでは親はどうしたらいいのか？

簡単なことですが、まずは、自分は子どもを大切に思っているんだと改めて感じてもらいます。お話をうかがって**「リフレーミング」**していきます。リフレーミングとは、**「相手の立場に立つ」「相手を理解する」「相手に共感する」**といったアプローチから始まる心理学的手法で、とくに親が話している言葉を聞きながら、そのつど子どもの立場に立って考えてもらうのです。

具体的には、ネガティブな子どもの行動の肯定的な意図、つまり、子どもの行動は何のためにやっているのかを考えてみることです。

たとえば、小さい子どもが新聞を読むのを邪魔してくるという行動に対して、「自分に関わってほしいんだな」と、子どもの表面的な行動にイライラと反応するのではなく、肯定的意図が理解できると最適な行動ができるようになります。

また、「勉強をしていると思って見に行ったら、スマホでゲームをしていて、つい怒ってしまう」という話には、こんなふうにリフレーミングします。

「でも、お子さんは勉強も頑張っているんですよね。そのプレッシャーから逃げてしまってスマホを手にしてしまうんではないですか。でも、お子さんはお母さんの気持ちをわかっていると思いますよ。隠れてスマホでゲームをしているのですから。

お母さんも日常で嫌なことがあったら、息抜きをしたいですよね。そんな気持ちをお子さんに話してあげたらどうでしょうか。お子さんもお母さんの苦労を理解してくれますよ。何よりお子さんを大切にしている気持ちが伝わって頑張ってくれると思いますよ」

こんなふうに、子どもの気持ちを理解して共感すると、子どもも親の気持ちに共感してくれることが多いのです。

そもそも心配性の親は、子育てや教育がうまくいかない自分がダメな存在だと思っている人が多いので、まずはそこに気づいてもらい、子どもを大切に思う気持ちは、親であれば変わらないということをお伝えします。

すると、クライアントさんの中には「ああ、そうだったんだ」と涙を流す人もいます。そして、それが自分にとって、どういう問題になっているのか、何が起きているのかということを探っていくのです。

結果的に、子どもに原因があるのではないということも浮かび上がってきます。たとえば、夫婦仲がよくなかったり、親自身が不安の中で育っていたり……。そうした自身の価値観が子どもに影響を与えていたりすることに気づきます。

子どもを認めて受容することの大切さに気づいて、そこからがスタートです。

子どもとの信頼関係を築くにはどうしたらいいのか、子どものコミュニケーションをどうはかればいいのか、話し方やラポール（互いに心が通い合う状態。打ち解けて話ができる関係）の築き方など、そのクライアントさんにとって最適な方法を探っていきます。

結局は、子どもへの不安は自分事という視点で考えないと解決できない問題です。子どもが幸せになってほしいのですから、そのためにどのように考え行動していくのか。子どもがやる気を出すには何をしたらいいのかなど、立ち止まって考える必要があるのです。

いままでと同じやり方をしても同じ結果が続きます。自分が変えられることはないのか、将来の子どもの笑顔のために何ができるのか、じっくりと考えてみましょう。

「親が変われば子どもが変わる」といいますが、これはやはり真実です。

ただ、私はクライアントさんの心の不安を軽くし、元気になっていただくのが仕事ですので、教育学者のように難しい理論はお伝えしません。不安を感じている人は真面目なので、子育ての本をたくさん読んだりしています。

しかし、その通りにできない自分を責めてしまったり、その本の通りにしないと子どもが成長しないと思い込んでしまったりする人が多いので、まずは自分を認めてあげることの大切さを伝えます。

私も3人の子どもを育てて苦労した経験がありますから、親の大変さをよくわかっています。うまく子育てができないから私のところに来るわけですから、その気持ちをわかってあげて前向きになってもらうために、私のような存在があると思っています。

子どもの特性を見極めればうまくつき合える

人には3つの優位タイプがあります。優位とはほかのものよりまさっていて際立っている特徴や行動などをいいます。

その3つとは**「視覚優位（V）」「聴覚優位（A）」「体感覚優位（K）」**です。

大人なら、会話をしていてその特徴が顕著に現れたりします。視覚優位の人は話がよく飛んでしまったり、聴覚優位の人は考えながら速くしゃべる人が多く、体感覚優位の人は下を向いてゆっくり話す人が多いなどです。

あくまでも特性ですからその通りであるとはいいがたいのですが、とくに子どもの場合は体感覚が優位に働くとされています。

赤ん坊の頃はまだ親の顔や声だけで育ちます。しかし、体感覚は成長するにつれて活発になります。

1歳を過ぎる頃になると、親が目を離した瞬間にあちこち歩き回りますし、何かと高いところへ登ろうとします。こうして子どもは、体感覚を身につけながらやがて多くのものを見聞きし育っていくのです。

そうすると、子どもは体感覚で物事を考えますから、とてもゆっくりと身体に落とし込んでから答えます。つまり、親の言うことに答えるのには時間がかかり、それを待ってあげなければいけません。

いっぽう、親のほうは聴覚優位の人が「ああしなさい、こうしなさい」と早口で言うと、子どものペースが合わず、子どもは大丈夫なのかと心配になってしまうのです。

もちろん、すべての子どもが体感覚が優位というわけではありません。たとえば、視覚優位の子どもであれば絵を見せて伝えるなど、その特性に合わせて寄り添う必要があります。

簡単に、3つの優位性の特徴をまとめておきます。

★視覚優位(V)

物事をとらえるときや会話のときに絵や映像をつくりながら理解したり話したりします。会話においては、絵や映像として描写されることを大切にします。ですから、会話のときに身振りや手振りが多く、出来事をいまあるかのように話します。表現が大枠で言葉に省略が多いのも特徴。視線は上に向く傾向があります。

★聴覚優位(A)

話が順序立てて整理されていたり論理的であることが重要で、言葉を大切にします。物事を分析するのが得意だったり、頭の中が整理されるような会話を好みます。そのため、会話においては手を耳、眉間、口元に置くことが多く、話す内容は論理的で、使う言葉に熟語が多いのも特徴。視線は左右に向く傾向があります。

★体感覚優位（K）

感情表現や感覚的な物事のとらえ方を大切にします。会話から得た情報は一度、身体の感覚に落とし込んでから表現するので、言葉になるまで時間がかかったりします。

ですから、会話のときは手のひらを自分のほうに向けたり身体の一部に触れたりしながら話をする人が多く、ゆっくりしたテンポで話すのが特徴。視線は下（自分）に向く傾向があります。

以上、３つの優位性については次の４つのことを頭に入れておくといいでしょう。

●人にはいろいろなタイプの人がいる。
●相性が合う、合わないという原因の1つに、この優位性の特徴がある。
●人はおよそ10歳までに優位性を獲得する。
●場面によっては使われる優位性は違ってくる。

この3つのタイプを知っていれば、子どもの不可解な熱中行動も、たとえば〝この子は視覚優位型だからこんなことするんだな〟と腑に落ちやすくなります。自分と子どもの優位タイプが違うときも納得しやすいでしょう。

視覚優位の子どもなら、色や形が子どもに見えやすいような言葉で、目の前に何かがあるように話してみます。全体像が見えるように伝えます。絵や写真を見せながら、順序立てて話すと理解しやすくなります。話を省略してしまうようであれば、「何？」「誰？」などの質問に「見える」をつけると効果的です。

聴覚優位の子どもであれば、耳を傾けて、耳に触れて音を聞くように話してみます。理屈が通らないと嫌がるので、話を整理して伝え、子どもが使っている言葉をキーワードにすることで会話がスムーズにいきます。語尾に「思う」「考える」「聞く」をつけると子どもは理解しやすくなります。

体感覚優位の子どもには、胸に手を当てて身体と会話するように話をします。淡々と会話すると嫌がるので、感情表現を会話の中に取り込みます。話のテンポがゆっくりなので答えが出るまで待つことが大切です。語尾に「感じる」をつけると子どもは話しやすくなります。

ただし、どれか1つのタイプだけで100パーセントということはないし、どのタイプが優れているということでもありません。あくまで子どもの個性を知る1つのガイドとして参考にしてみてください。くれぐれも〝この子は○○型〟と決めつけないように注意して子どもと接してほしいと思います。

結局は、自分と子どもは優位性が違うということを知り、行動を変えることです。これだけでも、子どもは「自分のことをわかってもらえている」と感じ、互いに話しやすくなったり、信頼関係を築くことができます。

最後に、子どもへの不安ということで付け加えておきますが、クライアントさんの中で多いのは「学校に行っているとき、子どもがどうしているか不安」「子どもと離れていると不安」というものがあります。

そういうときは、「**黄色のオーラでお子さんが笑顔で過ごしているところをイメージ**

するといいですよ」とお伝えしています。少しスピリチュアルっぽいですが、潜在意識で伝わるようで、「安心して子どもを送り出せるようになりました」と言ってもらえます。

カウンセリングの中で、私はクライアントさんの心にダイヤモンドのような光る原石があると信じています。だから、子どもの心にはダイヤモンドの原石があると信じてもらいます。そして、答えはすべてクライアントさんが持っていると気づくと、本当にそれなりの答えがスッと出てきて、笑顔が引き出されていきます。

すべての不安は自分事。子どもに対する不安というものは、親であれば誰でもあると思いますが、それはあくまで子どもの問題ではなく自分という大人の問題です。そこに気づき、行動を変えれば、きっと不安は軽くなっていくはずです。

相手がどう思っているか、断ると失礼になるのでは、人の輪に入れないのではないかと対人関係に不安

対人関係の不安や悩みは、私のカウンセリングでも最も多い相談です。

相手の気持ちを常に優先し、どう思われているのか気にしてしまう。

相手に言われたことにＮＯと言えない。

コミュニケーションを苦手に感じるので自分から声をかけにくいなど、不安を感じる人の多くが対人関係に苦手意識を持っています。

このことは、多くのアンケート調査を見ても明らかです。


２０２１年12月に、マーケティング・リサーチ会社のクロス・マーケティングが１０００人の20～69歳の男女にアンケートを実施した調査によると、「人間関係をリセットした／したい人がいる」は、54％で、とくに30代、40代は６割以上もいました。

リセットしたい人間関係は、「職場の人」が21％と最も多く、次いで「友人・知人」と「親」の14％。性年代別に見ると、男性は30代と50代、女性は40代で「職場の人」と回答しています。また、「友人・知人」は20代の女性、「親」は40代の女性が多かったという結果が出ました。

また、職場ということで見ると、転職サイトのエン・ジャパンが定期的に「職場の人間関係」の意識調査をしていますが、２０１８年の「1万人に聞く『職場の人間関係』意識調査」では、人間関係の難しさを感じると答えた人は84％にも上ります。また、転職のきっかけになった原因は、先輩、同僚、上司の順でした。

いっぽう、女性は断トツで上司との人間関係に悩んでいる人が多く、２０１９年に女性を対象にした意識調査では、9割の女性が人間関係に悩んでいるとしながらも、その半分は上司が原因でした。

また、人間関係というものはコロナ禍でも変わりがないようです。

２０２１年のコロナ禍でのストレスも「職場の人間関係」が50％以上でトップでした し、２０２２年の調査においても、「転職先に不安を感じる」という回答が87％と最も高いという結果でした。その声はというと、次のようなものでした。
「社長や店長など、上司を尊敬できない。お客様あっての仕事のはずが、利益のことしか考えていない。仕事への考え方が違うため一緒に働くことがつらい」（23歳女性）
「周りの社員の噂話・悪口を言う人がたくさんいる」（29歳男性）
「機嫌が悪くなると、あからさまに態度に出す先輩がいた。その時の気分で集中攻撃する相手を変えてくる」（31歳女性）

また、コミュニケーションが苦手で、人の輪に入るのが不安、会話の輪の中に入るのが不安という最たる例は「ママ友」ではないでしょうか。
ネットのサイトやSNSを見ても、気づくとママ友の輪に入れない「ぼっちママ」の悩みやその対処法などが数多く挙がっています。そのほか、「ボスママとのつき合いがつらい」「仲良くしたいママ友がいても自分からどう声をかけたらいいかわからない」「自分から誘うことができない」という悩みや不安が圧倒的です。

以上、こうした声は、不安を感じやすい人にとってはなおさらの状況です。

この苦手意識は、過去の人間関係（親、友人、学校の先生などの言動や価値観）によって生じます。それは具体的な行為に対して注意されるのではなく、アイデンティティそのものを否定されるからです。

一番多いのが家庭環境です。小さい頃に、親に「こんな簡単なことがなんでできないの？」「勉強ができないダメな子」と自分自身を否定されて、それが何度も起こると、親の言葉を「何をやってもダメな奴だ」というふうにとらえてしまい、大人になっても何をするにもうまくできないのではないかと不安を抱えてしまうのです。

また、私のように子どもがすることに過度に心配する親のもとで育つと、「私は親に心配される子」と認識し、自己肯定感を低くしてしまいます。そんな中で親の期待に応えなければと空回りして、何をするにも不安が勝ってしまいます。

思春期になると親に反抗しますが、本音を言うと否定されるなどが繰り返されると、親の価値観から抜け出せず、自分に自信が持てなくなります。

そうした経験を通して、さまざまな**「ビリーフ（信念、価値観、思い込み）」**がつくられて、大人になってからも生きづらさを感じてしまうのです。

このビリーフは、プラスの信念や価値観を生み出せばいいのですが、自信の持てないマイナスのビリーフができ上がってしまうと、自分がどう思われているか気になったり、相手にNOと言えなかったり、人の輪に入るのが怖くなってしまいます。

こうした経験から生み出されたビリーフは、その人そのもの、つまりその人の**「性格」**をつくり上げていきます。

では、不安を感じて生きづらいという人はどんな性格がつくられているのでしょうか。そのことを少し考えていきたいと思います。

✔人には３つの自分がある

人とつき合うことは、誰の人生にとっても避けて通ることのできないものです。そして、誰もがうまくいかないという経験をしています。

この人とはうまくいくけれども、ある人とはいつも衝突してしまい苦手になってしまったということもあれば、最初から近づきがたいということもあります。

しかし、不安を感じやすい人かにかかわらず、こうした経験は誰にでもあることです。

先ほども述べたように、人は子どもの頃からつくられてきたビリーフがあり、そのビリーフにしたがって自分なりの人づき合いのパターンを繰り返します。それはほとんど無意識に行われるものです。

そこで知っておいてほしいのは、過去の経験によって形づくられた3つの性格です。

人の性格は**「親の心」「大人の心」「子どもの心」**の3つのバランスで成り立っています。そして、3つの中の割合の大きさによってそれぞれの性格が形づくられていくのです。

こうした考え方は「交流分析」と呼ばれ、アメリカの精神医学者エリック・バーン氏が、精神分析をベースに現実の人間関係（交流）を解明するために考案された考え方です。

しかし、そもそもアメリカと日本では人間関係における人づき合いの習慣も考え方も違っており、いまでは日本人に合った交流分析（交流分析という言葉も日本で名づけられました）が生まれています。

ただ、基本的な3つの性格は変わらず、それを日本にマッチするように改良したのが、現在の交流分析だと考えてください。

まず1つ目は、**「親の心」**と呼ばれるものです。この性格は、思いやりや共感をつかさどるもので、相手を中心に考える心です。ですから、思いやりといった優しさだけではなく、禁止されている社会のルールや罪悪感といった良心をつかさどる心も持っています。

2つ目は**「大人の心」**で、現実的に生きようとする心です。言い換えれば、理性的に生きようとする性格で、知識やそれを使って創造的に働かせる心ともいえます。

そして、3つ目は**「子どもの心」**です。感情的な部分が強く、本能的・情動的な行動を取りますが、実際にはとても実利的な面があります。

さて、この3つの性格は、より有用的に5つに分けられます。

「親の心」には、さらに**「母親が持つ心（母親の心）」**と**「父親が持つ心（父親の**

[3つの（＋2）のバランスで成り立つ人の性格]

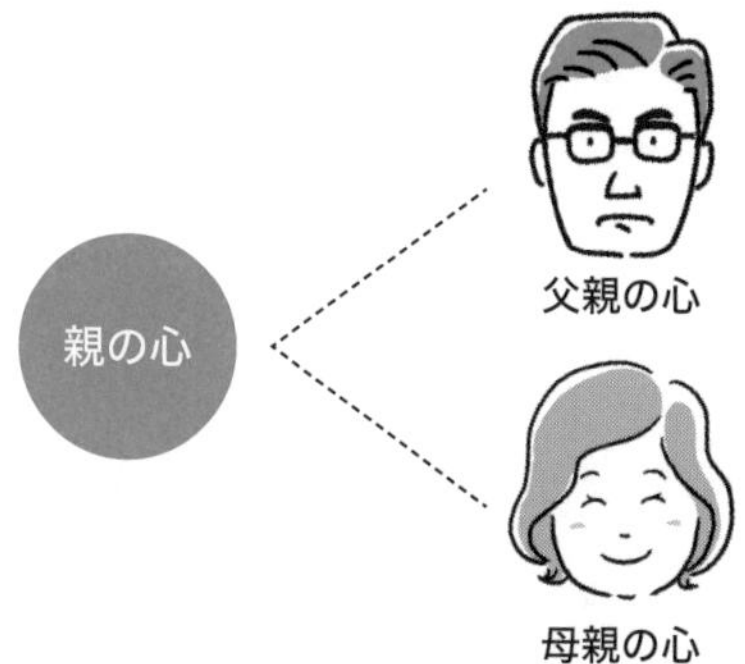

●自分にも他人にも厳しい
「もっと頑張らないといけない」

「我慢しなさい」「お前はダメだ」

「～するべき」「～するべきではない」

「～しなければならない」

●優しさや共感
「うれしいね」「いいね、すごいね」

「あなたの気持ちはよくわかります」

「大変でしたね。内心はつらかったでしょうね」

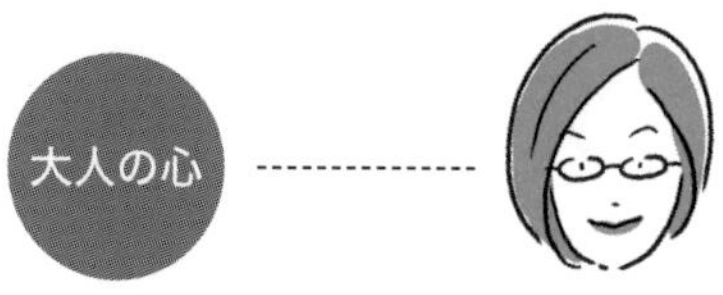

●現実的、理性的
「冷静に対応しよう」

「具体的には……」

「いつ、誰が、どこで、何を、なぜ、どのように（5W1H）」

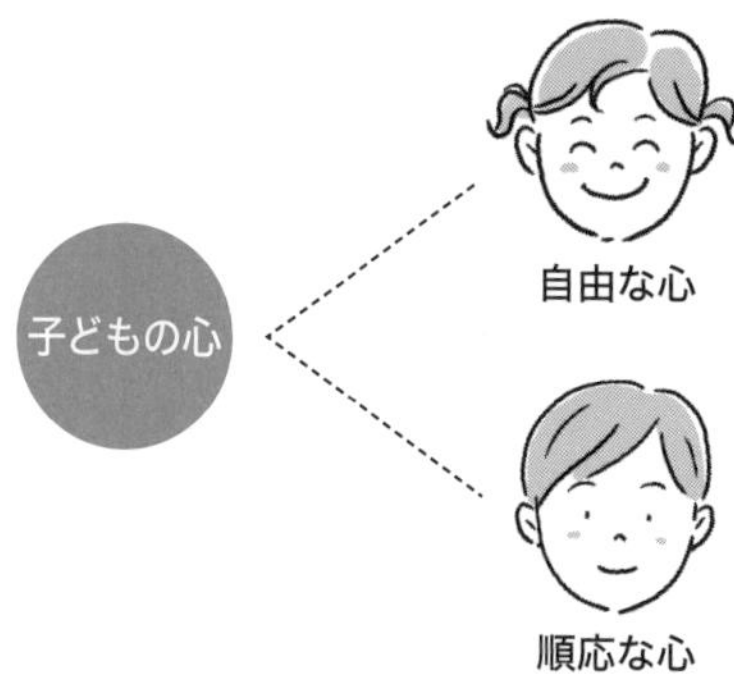

●自由に振る舞い創造性に満ちているが自己欲求も強い
「わぁ～」「キャー」

「楽しい」「おいしい」

「キレイだなぁ」「～したい」

●親の愛情や期待に応えようとする
「いいえ、大丈夫です」「無理です」

「私なんか……ダメなんです」

「気を悪くしませんでしたか」

心)」があります。母親が持つ心は優しさや共感といった部分が強く出ているもので、「うれしいね」と共感したり、「いいね、すごいね」と褒めたり、「○○してあげよう……」という奉仕の気持ちであったりします。

父親の心とは、ルールや罪悪感からなるもので、自分にも他人にも厳しさが強く出ます。「もっと頑張らないといけない」「我慢しなさい」「お前はダメだ」と他人に厳しいこともあれば、「自分が頑張ろう」「しなければならない」といった自分にも厳しい部分もあります。

厳しく教育するといったまさに父親の部分も持ち合わせています。

そして、こうした2面性はさらに「子どもの心」にも存在します。子どもには奔放で自然に振る舞う素直な**「自由な心」**と親の愛情や期待に応えるため我慢をしてしまう**「順応な心」**があります。

自由な心は、天真爛漫(てんしんらんまん)で創造性に満ちており自己欲求も強いため、はっきりとした感情表現よりも「わぁ〜」「キャー」といった感情表現が強く出ます。いっぽう、順応な心を強く持つ性格は、「いいえ、大丈夫です」「無理です」「私なんか……ダメなんです」といった感情が強く出ます。

以上、この5つの組み合わせによって、どの性格がほかの性格より強いかによって**「いまの自分」**をつくり上げているのです。

★性格をつくり上げる3つ（＋2）の心

- **親の心**　母親の心＜父親の心　母親の心＞父親の心
- **大人の心**
- **子どもの心**　自由な心＜順応な心　自由な心＞順応な心

では、人より不安を感じる人の性格は、どの部分が強いのでしょうか。

その前に知っておいてほしいのは、先にも述べた、育ってきた環境です。これは両親からどれくらいの影響を受けたかの度合いによって変わってくるのですが、大きく変わってくるのは**「子どもの心」**です。

子どもの心には、自由な心と順応な心の度合いがありますが、不安を感じる人は、順応な心が色濃く反映されます。子どもの心は誰しもが持っていますが、順応な心は対人関係においてうまく機能することもありますが、子どもの頃につくられた「親の愛情を失わないために期待に沿おうとする過度な我慢」が本当の感情を抑制してきたため、大人になっても相手のことを優先してしまうのです。

それゆえに、順応な心は協調性を大切にしますので人の輪を大事にします。結果、常に相手の期待に応えられるか、つまり、自分がどう思われているかばかりが気になり、人と接することに不安を感じてしまうのです。

反面、自分と人を比べてダメだなとか、自分の感情をちょっと言えなかったりなどの自責の念があったりします。もともと感情を押し殺しているので、そのうちに、逆に爆発してしまうときもあります。

あとは、母親の心が強い性格も不安になる要素があります。この部分は受容性がすごく高いので、優しい部分、母性的なところもあるのですが、それゆえに自分の意見を言えなかったりします。

以上をまとめると、対人関係に不安を抱える人は「子どもの心」と「親の心」のバランスが次のような人が多い傾向にあります。

★不安を感じる人の性格

●「子どもの順応な心」と「母親の心」が高い
●「子どもの順応な心」と「父親の心」が高い

不安を感じる人は、子どもの心はすべて「順応な心」が強く現れます。これは文字通り、幼少期につくられたビリーフで、家庭環境に影響を受けています。

私の場合も、母親が過度な心配症であったために、自由にさせてもらえた経験がなく、なおかつピアノをやっていて母親の期待に応えなければならないと感じながら育ったので、順応な心が強くなっていきました。

2つの性格を比べると、圧倒的に多いのが**「子どもの順応な心」と「母親の心」が高い人**です。家庭環境は違うものの、私のクライアントさんの8割が同じような性格で悩んでいます。

この性格は受容性が高く、相手のことを受け入れたい、すごく貢献したいという思いが強く（母親の心）、真面目で優しいがゆえに相手を優先してしまいます。また、順応な心には我慢が限界に達すると爆発してしまう情動的な部分がありますので、「なんで認めてくれないの？」と怒りを感じるいっぽう、「結局、自分がダメなんだ」とネガティブのループに落ちていってしまいます。

そして、人と接するのが苦手となり、そうした場面に不安を感じずにはいられなくなるのです。

ちなみに、「子どもの順応な心」と「父親の心」が高い人は、実はもっと深刻です。完璧主義の人が多く、父親の心は自分自身に対して厳格ですから、相手に応えられなければ、応えられない自分を分析してもっと応えようと頑張ります。「〜ねばならない」「〜すべき」など人に対しても厳しく、自分の理想に当てはまらない人を見るとイライラし、さらにイライラしている自分も嫌になってしまいます。

ですから、悩みは深刻化します。

そして、頑張りすぎてしまった反動で燃え尽き症候群になり、うつになってしまう場合すらあるのです。燃え尽き症候群でとくに多いのは医療従事者です。この人たちは、献身的で相手（患者さん）の気持ちを受け入れようと頑張ってしまいます。しかも、その反動が大きい仕事ですから悩みは深いと思います。

以上のことからもおわかりの通り、心配を感じて生きづらいという人は、真面目で優しく頑張り屋だということです。

しかし、もともと受容性が高いのですから、その受容性を自分自身に向けてあげるといいのです。

✔自分自身を認めてあげることが不安を軽くする第一歩

不安を感じる人の8割は**「順応な心＋母親の心」**を持ち合わせた人です。ですから、人に対する受容性がとても高く、相手を優先するために人間関係で生きづらさを感じてしまいます。

でも逆に考えれば、受容性が高いということは**自分自身を受容する力もある**ということです。このことをクライアントさんに伝えると、ハッとされる方が多くいます。

「あぁ、そうだった。自分のことを忘れてた」と気づきます。

そこで、「人を大切に思う前に自分を大切に愛してあげないと続きませんよ。だって疲弊しちゃいますからね。まずは自分からですから」とお伝えするのです。そして、その人に合った心の処方箋やワークを提示します。自分を受け入れるというところを目指してもらうわけです。

自分自身を受容して認めてあげること。これはどんな心理学の本にも書かれていることですが、不安を軽くすることについても同じことが言えるのです。

まずは、不安な自分も自信が持てない自分もネガティブな自分も、「まぁ、いいか」と受け入れてあげることです。

だから、不安を感じたときは「そう、不安だよね」と、ただ認めてあげればOKです。感じたことを否定しないで「不安になっていいんだよ」と、ただ受け入れてください。

それに対して頑張ろうと思うと、さらに不安は増し、頑張れない自分へのダメ出しが始まってしまいます。

ネガティブな自分、自信のない自分、弱い自分を受容し認めてあげることが、不安が軽くなる第一歩ですから。

また、共通して言えることは、みな子どもの心の「自由な心」が低いことです。自由奔放で、ああしたい、こうしたいという自我です。

でも、クライアントさんの多くが、自由な心というと「なんかわがままで嫌なんですよね」「変に自信のある人って嫌いなんですよね」と言います。日本人の美徳ではないですが、「謙虚でなければいけない」と思っている人がけっこう多いのです。

考えてみてください。いまの自分の性格がつくられたのは幼少期から影響を受けたビリーフです。ビリーフとはそれまでにつくられた自分の価値観、いわば思い込みです。「謙虚でなければいけない」というのも、多くの日本人に刷り込まれた思い込みにすぎないのです。

子どもは何でも好奇心旺盛(おうせい)です。たとえば、水を見た子どもが興味を示し、「水ってなんでこんなに面白いんだろう」と水が大好きになったりします。しかし、大人になると水に対する知識が増えて、すべて知っているので水を見ても面白いとは感じなくなります。

ですから、私は五感を使ってくださいと伝えたりします。物でも言葉でも面白そうと思う気持ちを大切にすることで不安を軽くすることがたくさんあります。

たとえば、どんな場所に行くとしても、そこでどんなふうに過ごしたいのか、どうしたら楽しめるか、どんな感じでリラックスするのか、そこでどんなことをしたいのか、どんな料理が食べたいのかなど、五感をフルに使って楽しめるものを考えてもらいます。

言葉にしても、どんなふうに言うと自分がうれしいのか、どんなふうに言われると楽しくなるのかなどもイメージしてもらい、「今日は自分の気持ちを伝えてみよう」と思ってもらいます。それは自由な心でいいのです。

もちろん、意図してやることで、ある意味目的を持ってやってもらっています。そうすることで、ものすごく変わりましたという人がたくさんいます。

これはある人から聞いた話ですが、人間があるものに関心を持って面白そうだと思うことは、実は自分が得意なことだといいます。

対人関係に不安や悩みを持つということは、そもそも人に関心があるからこそ。それを不安ではなく面白いと思うかどうかで、人生も楽しくなりませんか?

✔対人関係で不安になったときのちょっとしたテクニック

この項の最後に、私がお伝えしている簡単な方法をお伝えします。これまで述べてきたように、自分の性格の中で3つあった性格の低い部分を高める感じで、人と接してみてください。

もともと交流分析というのは、自分を深く知ることで人づき合いを楽にすることが目的です。自分を知り、他人を知ることでより円滑なコミュニケーションをはかることが交流分析のゴールですが、不安な人はまずは自分。ですから、まずは自分を変えることからお勧めします。

★人の目が気になるとき

普段から「I'm OK.」を出す心の筋肉を鍛えておきましょう。人からどう思われてもあまり気にならなくなる心の余裕が必要です。

「まぁ、いいか」「そういう人もいるよね」「そういうこともあるよね」と思えるようになります。

★人の輪に入りにくいと不安なとき

10年来の友人だと思いながら話しかけてみましょう。そう思うだけで、不思議と身体の力が抜け気持ちも楽に緩んできます。力みは緊張です。緊張がほぐれれば自然な言葉が出てきます。案外、相手も同じように思っていたりするかもしれませんよ。

★言いにくいことを相手に伝えるとき

何か苦手という人は誰でもいます。しかもそれが言いにくいことだったらなおさらです。そんなときはコミュニケーションの方法として**「3：1の法則」**というものがあります。

それは「良いことを3つ伝えてから、改善してほしいことを伝え、最後に『〇〇してくれると助かます』『〇〇してくれるとうれしい』などと付け加える」という方法です。

最初から否定してしまうと、相手は聞く耳を持ってくれなくなります。また、言いにくいこと（改善してほしいこと）に対しては、相手のアイデンティティを否定しない伝え方をすることです。具体的な行為に対してのみ言えば相手もきちんと理解してくれるものです。

★（仕事を背負いすぎてしまうなど）NOと言えないとき

不安を感じやすい人はNOと言うことがなかなかできないものです。そんなときは「ここまではできますが、ここからはできません」というように、できることを提示してから相手に伝えてみましょう。

自分が誠意を尽くして伝えて、それでも理不尽に怒ってくる相手だったら、それは相手の問題ですから気にしないことです。むしろ、その人が宇宙人だととらえると楽になりますよ。まったく改善される様子がない場合は、時には環境調整も必要になります。相手の問題ですから、部署を変えてもらうか、それでもダメなら仕事を変えるしかないですから。

もしかしたら事故に遭うのではという不安（パニック症候群予備軍）

「事故に遭うとなぜ不安なんですか？」と質問すると、クライアントさんからこんな答えが返ってきます。

「事故に遭って会社を長く休んだら会社に迷惑がかかる」

「事故で身体が不自由になったら家族に迷惑がかかる」

このように、たとえば電車が止まったらどうしよう、途中で体調が悪くなったらどうしようと不安に思う人の共通点は、**「人に迷惑をかけてしまうから申し訳ない」**という感情です。

もしかしたら、こんなことで不安に思うの？　と感じる人もいるかもしれません。

しかし、たとえば少し大きな地震があったとき、あなたはどう感じますか？

やはり、その後も大きな地震がくるのではないかと心配するはずです。

警察庁の統計によると、実際に２０２１年に交通事故で亡くなった方は２６３６人、重傷者は２万７２０４人で合わせると３万人近い人が事故に巻き込まれています。また、気になったので自殺される方を調べてみると２０２１年は２万１００７人でした（自殺者は心の問題を抱えていますので、微力ながら１人でも多く救えたらという思いです）。

さておき、これだけの数の方がいるのですから、不安にならないことはありません。こうした人は突然電車が止まっても不安になりますし、エレベーターに乗っていても不安を覚えます。

不安が増大して乗り物に乗れなくなるという人は、**「パニック障害（パニック症候群）」**の人です。

この症状は乗り物に乗れない、外出できない（かといって、１人でいるのも怖い）、外食が怖くてできないなど、いろいろな形で現れます。動悸やめまい、息苦しさでパニックになり、このまま死んでしまったらどうしようと不安になってしまいます。

このような症状は突然現れ、実際には原因ははっきりしません。でも、いつでもこういった状況で不安を感じる人はパニック症候群予備軍ともいえるのです。

パニック障害は死んでしまったらどうしようという過度の恐怖からくるものですが、ちょっとでも不安を感じる人は「人に迷惑をかけてはいけない」というビリーフによるものです。

このビリーフも当然、育ってきた環境で親のビリーフを受け継ぐ場合が多かったりします。相手の立場でいつも物事を考える優しい人が多いというのが私の印象です。

こういう人は、もし誰かが事故に巻き込まれたら、すぐに駆け寄って助ける、そのことはまったく厭（いと）わないという人が多いくらいです。

また、もし事故に遭ったらと不安を感じる人は、9分9厘、間違いなく**「肩凝り」**です。私の知っている人で、これまで一度も肩が凝ったことがないという人がいますが、その人は不安を感じることがほとんどないと言っていました。

まあ、肩凝りと不安には相関関係がありませんが、少なくとも肩が凝る人は常に緊張の中で生活しているのは間違いありません。しかも、その緊張の多くはストレスから生じています。いうまでもなく、生きづらさからくるさまざまなストレスです。

社会生活の中でストレスがたまってくると自律神経のバランスが大きく崩れてきます。そして、そのバランスの崩れがピークに達したとき、乗り物の中などで不安を感じるようになるのです。ですから、こうした不安は、けっして不思議なことではないのです。

最近、こうした不安を感じているクライアントさんにお伝えしていることがあります。何ともバカらしいのですが、**普段からお気楽な感じを取り入れておくこと**です。

たとえば、スキップをしながら悩んでいる人はいませんよね。なんか身体を弾ませながら悩むことはできないわけです。ですから、不安だな、不安の感情がきているなと思ったら、その場でスキップしてしまえばいいのです。

電車に乗る前に不安の症状が現れたらスキップして電車に乗り込む。さすがにこれは変な人と思われますから、イメージの中で「お気楽、お気楽」と言いながら、笑顔でスキップしている自分を思い描くと、不安な気持ちが消えていきます。脳は現実とイメージを区別できないからです。また、駅に着くまでの間の15分くらい、早歩きをしてから電車に乗るなどでも不安が軽くなったりします。

さらに、不安が現れたら緊張して肩が凝っていると思いますので、いったん肩にグッと力を入れて、ストーンと脱力するだけでもかなり効果があります。

あとは、毎朝お味噌汁を飲むといいでしょう。大豆には豊富なマグネシウムが含まれていて、ストレス緩和に効果があります。通勤で電車に乗らなければならないのなら、朝にお味噌汁を飲むだけでも効果があります。

もちろん普段から、緊張しているな、不安がきそうだなと気づけるだけでも症状は軽くなっています。そんなときにリラックスできる方法を実践すればいいだけです。

不安とリラックスは同居しない。いつでもリラックスできる「漸進的筋弛緩法」

緊張が不安を呼び起こしますが、不安とリラックスは同居しません。

リラックスした状態をつくるには、あえて力を入れてから抜く**「漸進的筋弛緩法」**(ぜんしんてききんしかんほう)があります。

この方法は、アメリカの医師エドモンド・ジェイコブソンによって開発され、これを米軍が取り入れたところ、ストレス下にある兵士の96％が2分以内に眠りに落ちたという検証結果があるくらい効果抜群の方法です。

私がカウンセリングを行う際は椅子に座ってやってもらいますが、不安を感じたら乗り物に乗る前に行ってもかまいません。

★すぐにリラックスできる漸進的筋弛緩法

❶鼻から息を吸って、3～5秒くらい息を止める。

❷息を止めている間に、ガッツポーズをするように両腕に力を入れる。

❸口から息を吐きながら、腕の力をダラーンと抜いて落とす（このとき、力が抜けた腕の感覚に意識を向ける）。

❹❶～❸を3回繰り返す。

たったこれだけです。そのほかの身体の部分で緊張して固くなっているなと感じたら、同じように息を止めて、力を入れて抜いていきます。

肩……両肩をグッと上げてからストーンと落とす。
首……首の重さを感じながらゆっくり回す。回し終わったら頭をストーンと落とす。
顔……目をつぶって歯を力強く噛(か)みしめてから力を抜いて口をポカーンと開ける。

これも同じように3回繰り返します。

実際にクライアントさんにやってもらうのですが、「とても落ち着きました」とか、なかには「眠くなってきました」と言って、あくびをする人もいます。

ですから、効果は実証済みです。リラックスできれば不安は同居しませんから、不安を感じる、または不安がやってきそうと思ったら、ぜひこの方法をお試しください。

普段から1日1~3回行っていると、自律神経のバランスが取れて不安を感じにくい体質になっていきます。

健康や老い（死）に対する不安

私のカウンセリングに、たまに70代の人がやって来ます。こういった人は、たいてい、体力の衰え、老いやその先にある死に対して不安を抱えています。

正直に言えば、私より年配の人のこのような不安に的確なアドバイスはできないのですが、不安という立場でお話をお聞きします。

たしかに、健康は本当に大切なことです。しかし、いつでも健康でいないといけないと気にし始めると、ちょっとした体調の変化を感じただけでいちいち不安になります。そういったときのリスク管理も大切なので、病院にも行って検査することも時には必要ですが、度を越すとどうでしょうか。日常生活に支障が出るほど不安になるのはちょっと考えものですよね。

不安になると無意識に身体に力が入り緊張しています。その状態が長く続くと「交感神経」が優位になり自律神経のバランスが崩れて、かえって病気になりやすい状態をつくってしまいます。

自律神経のバランスを整えるためにも、リラックスはとても大切です。唯一コントロールできるのは、やはり**「呼吸法」**です。

健康でいるために自律神経のバランスを整えるには、リラクゼーションが必要ですから、前項でも解説したように漸進的筋弛緩法を日常に取り入れることが最適です。身体の症状改善、免疫力をアップ、集中力アップ、心の安定などが得られます。

老いは誰もが通る道ですが、若い頃の自分と比べると、ついネガティブになってしまいます。体力的な衰えといった身体の変化に加えて、これまでできたことができなくなってしまったことに不安を感じざるを得ないのかもしれません。

また、仕事を退職し、子どもも自立して寂しさを感じるなど、自分の役割の変化、環境の変化なども不安に感じる要因です。そうした孤独感や寂しさも不安を引き起こす要因になります。

不安が高くなりすぎると、老年期のうつということもあります。

私のところに来る人は多くはプライドを持っていて、これまで頑張って完璧にやってきたという自負心があります。ですから、若い頃は努力をして仕事もこなし、子どもたちには力を注いできて、それがふと環境が変わったときに、「自分っていったい何だろう?」「これからどうやって生きていくんだろう?」と不安になります。

さらに、老いていくと人からのサポートが必要なことも出てきます。できていたことができなくなる不安感もあります。

家族や誰かのサポートを受け入れるには、それまでの自分のプライドを捨てて、心の器を広くする必要があります。感謝をして「ありがとう」と言える、そんな生き方ができるのだろうかと、過去やプライドを捨てることが難しい人が不安に陥りやすいと思います。

30代や40代の人なら、まだ健康に不安を感じるという人は少ないかもしれません。むしろ、両親の介護などの不安のほうが大きいかと思います。でも、いずれ自分もサポートを受ける立場。年を取る前に、やってくる不安に備えておく必要があります。

では、健康や老いへの不安を軽くするにはどうしたらいいのでしょうか。

それには、常に**「置かれているいまの自分の環境を受容する」**ことしかありません。

自己啓発書などを読むと、「死ぬまでにしたいことリスト」を書くというワークがあったりしますが、そもそも不安を感じやすい人は、こういったワークはあまり得意ではありません。ですから、未来へ向けて何かをしていこうというのではなく、いまの自分を労ってあげるだけでいいのです。

そして、日常で気持ちの明るくなるようなことを続けていけば、老いを感じたときにも穏やかな毎日を過ごせると思います。

私は健康や老いへの不安を感じて来るクライアントさんには具体的に、日常生活をどうやって過ごしているのかを聞いたりします。

ある女性のクライアントさんに、昔は毎日こまめにお花の水やりをしていたけど、いまはできていないという人がいました。うつうつとしてしまうとこういった日常生活でも動けなくなってしまいます。

そんなときは、「もう一度お花に気持ちを注いであげてみるのはいかがですか」と、できそうなことを具体的に伝えていきます。

こういったささいな日常でもいいのです。ちょっと気持ちが明るくなるようなことをするだけで、心は穏やかになります。

もちろん、趣味や新しいことを始めるのもいいと思いますが、運動も前よりもしんどくなっているし、目も悪くなってくるし、新しいことをするのにも不安を感じてしまったら意味がありません。

ですが、身体の衰えや老いの不安が軽くなってきて、前向きな気持ちになったら何か新しいことを始めるのは、不安への特効薬になるのは間違いありません。

クライアントさんは真面目な方が多いので、なかには「漢字検定を受けてみようと勉強を始めました」といった、学ぶことで知識を得られることには前向きになれるという人もいました。試験までの期日や新たな目標ができるという点では、とてもいいと思います。

老いは誰もが受け止めなくてはならないことです。自分を受容し、毎日を穏やかに過ごすちょっとしたことを習慣にすることが一番のクスリです。

死への不安はどうしたら軽くなる？

誰もが受け止めなければならないことに「死」というものがあります。生まれてきたからには、必ず死があります。これは誰にも避けられないことです。必ずいつかは迎える死に向かって生きている私たちですが、その生きている間を不安の中で過ごしたいのか、安心感の中でいきいきと過ごしたいのか、どちらがいいでしょうか？

もちろん後者ですよね。あなたも不安で生きづらいいまの自分を変えたいと思って、この本を手に取ってくださったと思いますから。

私は死ぬときに後悔をしない生き方をしたいと思っています。死ぬときに皆に感謝し、感謝されながら死んでいきたい、そんなイメージを持っています。

後悔には、さまざまあるでしょう。

「あのとき、思いきって挑戦すればよかった」「行ってみたい場所に行けなかった」など、夢を果たせなかった後悔もあるかと思います。しかし、人生においての多くの後悔は人間関係だといわれています。

世界でもベストセラーになった、ブロニー・ウェアさんが書いた『死ぬ瞬間の5つの後悔』という本があります。

オーストラリアで緩和ケアの介護を長年つとめ、数多くの患者を看取った彼女の経験から書かれたこの本では、病床で後悔する人たちをたくさん看てきて、共通する5つの後悔があったと綴っています。

1. ほかの人の期待に沿う人生ではなく、自分の想いに忠実に生きればよかった。
2. 仕事だけに人生を捧げ、ほかの大切なものを疎かにしてしまった。
3. 自分の気持ちをもっと正直に伝えればよかった。
4. 友人との連絡やつながりを絶やさなければよかった。
5. 自分自身をもっと幸せにしてあげたかった。

死を待つ緩和ケア病棟に入院した人たちの後悔は、自分や周りの人たちに対するものがほとんどです。

日本の緩和ケアにいる人も同じようなことを後悔するといいます。これはある人から聞いた話ですが、聖路加国際病院の緩和ケア病棟には、心のケアをするチャプレン（神父）がいて、患者さんの死の不安や恐怖を少しでも和らげるために話を聞いてあげるそうです。

その神父さんが、こんな話をしたそうです。

「緩和ケア病棟にいる方の中で最大の後悔は、『あのとき謝ろうと思って謝れなかった人がいた』『家族ともっとわかり合えればよかった』といったことがほとんどです。つまり、自分の気持ちを正直に伝えることができなかったことへの後悔です。

ある患者さんは家族との仲が悪く、家族がお見舞いに来ないという方がいました。そこで、家族に連絡をして『一度だけでいいので、お見舞いにいらしてください』とお願いし、何とか来ていただいたことがあります。

すると、その患者さんは涙を流しながら家族に謝り続け、心の澱（おり）が消えたというか、とてもすっきりとした顔をしてその後、天国へと旅立ちました。

死ぬ前に患者さんはこう言ったのです。『自分のところに光が注いでいる』と。でも、後悔していたことがなくなって旅立つ人はめずらしいと思います。私たちにできることは、ほんの小さなことです」

生きづらさの中で人間関係がうまくいかず、自分の思いを伝えられないことが多くあるでしょう。そんな人生を変えるために、何ができるでしょうか。

それは、過去の嫌なことやまだ起こってもいない未来への不安に意識を向けるのではなく、いまを大切にし、最善を尽くすしかありません。

一度きりの人生を後悔しないように、自分も相手もwin-winでいられるように生きていくには、次のことを心がけていくといいでしょう。

- たとえ失敗することがあっても、すべての経験には意味があるととらえる（多角的視点＝心の柔軟性＝心の健康度）。
- 時間が経ってからでもいいので、そこから何を学んだかを考えてみる。
- 逆境を乗り越えたあとのほうが幸福度は高くなる（幸福曲線）ことを知っておく。

●すべてを全肯定すると、すべてが最適化していく（内と外はつながっている）。

すべてはいまの自分の状態が未来の状態を引き寄せます。

心の不安は、やはりいまの自分、内なる心に問うしかないのです。

不安と向き合い、不安を変える

不安と向き合ってみることも時には大切です。

というのも、どこからともなくやってくる不安に対して、不安の大きさはどれくらいなのか、それを自分がどう感じているのかを知らなければ、そのあとも何も変わらないからです。

ですから、不安の肯定的意図を自分の内なる心に聞いてみます。肯定的意図とは、「この不安は、私に何を教えてくれようとしているのか？」、もしくは「この不安を通して何が得られるのか？」と、頭ではなく、**不安を感じているハート（心の内）に自**

問してみるのです。

自分が納得するまで自問を繰り返し、不安の答えが出てきたら案外、平和、安心、幸福……を教えてくれようとしているとわかります。不安にも意味があり、むしろありがたい存在であることがわかると、逆に不安にとらわれることがなくなり、心が楽になるものです。

ここでは、あなたが向き合った不安を宇宙に飛ばしてしまう**「ブラックホールとホワイトホール」**の簡単なワークをやってみましょう。

この方法は、いま感じている不安をエネルギーに変えて、前に進みたいときに有効な方法です。

★ブラックホールとホワイトホール

❶その不安は身体のどこ（胸や頭など）で感じていますか。その不安、モヤモヤのありかを感じてみます。

❷自分の中にある不安やモヤモヤを取り出すところをイメージします。そのときに色や形、大きさや重さをじっくり感じながらイメージします。

❸取り出した不安やモヤモヤを宇宙の果てに「シュッ」と言いながら投げて、ブラックホールに吸い込まれていくところをイメージします。強力な引力を持つブラックホールは、すべてを吸い込み、一瞬のうちに分解されて粉々の粒子になっていきます。

❹分解された粒子はブラックホールの出口にあるホワイトホールへと流れていきます。ホワイトホールはあらゆる物を放出する天体です。そのホワイトホールから流れ出る粒子は、金色にキラキラ輝いている粒子へと変化していく様子をイメージします。

❺金色の粒子はあなたのところへ戻り、頭から身体全体へと降り注いでいく様子をイメージします。

❻不安やモヤモヤがなくなるまで繰り返します。

最後に、人は必ず老い、必ず死んでいくのですから**「置かれているいまの自分の環境を受容する」**ことです。

２０１６年に亡くなられたノートルダム清心学園前理事長の渡辺和子さんは、「置かれたところこそが、今のあなたの居場所なのです」と言っています。また、２０２１年に亡くなられた小説家の瀬戸内寂聴さんは「死ぬときは死ぬから、明るく楽しく生きましょう」と言っています。

命は故郷に帰るだけ。大きな源に帰るだけです。あるという存在は死んでも変わりません。この世が幻想なのであって、たとえ死んでも（衣を脱ぐだけで）あり続けます。

そう思うと、少し心が軽くなりませんか。

鍵の閉め忘れ、火のつけっぱなしなど物忘れへの不安

家を出たら、鍵を閉め忘れていないか、火をつけっぱなしで出てきてしまったのではないか……。心配しすぎると言われればそうなのですが、こういう人は、けっこういると思います。

物忘れがひどくなってきたと不安に感じるのかもしれません。

たしかにリスク管理は大事なことです。1～2回程度の確認なら誰でもすることですし、むしろしたほうがいいことです。しかし、不安が度を越して、何度も何度も確認しないと気が済まなくなり、日常生活に支障が出てくると問題になります。

それは**「強迫性障害」**というもので、鍵の閉め忘れといった自分でもバカバカしいことだと自覚しているものでも、何度でも頭に浮かんできてしまい、それを止めることができなくなってストレスとなる障害です。

このストレスが大きくなってしまうと、確認行為に家族や友人などを巻き込んでしまって周囲に迷惑をかけてしまったり、そうしたことも原因となり、うつ病になってしまう人も少なくありません。

強迫性障害はもともと、不安障害の1つと考えられてきましたが、いまでは不安の病気とは異なるものと考えられていて、「とらわれと繰り返しの行動を特徴とする病気」とされています。

この症状は、男女に差はありませんが、男性のほうが女性よりも若くしてなるケースが多いといわれています。

ですから、それほどバカにできたものではないのです。

強迫性障害の環境要因としては、「性格傾向」と「ストレス」が関係していると考えられています。

やはり、性格傾向は「几帳面（きちょうめん）で神経質で、こだわりが強い」という人で、物事に対してネガティブな感情を持ちやすかったり、回避してしまったりといった行動パターンを取ってしまう場合も、強迫性障害と関係するといわれています。

まさに、不安を感じやすい人の特徴そのものです。

ですから、ここに日々のストレスが加わってくると、強迫性障害という病気にまで発展しかねないということです。

こうした見えない不安は、ストレスが大きくなると不安も大きくなるということです。ストレスの原因は環境の変化や人間関係などのストレス、体調の変化などさまざまあります。

ですから、ストレスの原因となっているものを突きつめ、緩めていく作業が必要になってきます。原因となっているものは、過去の出来事や将来の不安などからくるのです。

強迫性障害の治療は、精神科医などの医者が行う医療行為（薬の処方など）ですので、私はカウンセラーという立場から、もう少し軽度の不安という状態を感じている人へお伝えします。

まず、必要以上に確認をして日常生活に支障が出てしまう場合は、確認して安心を繰り返すと、それが強化されてしまうことを自覚しておくことが大切です。

それがひどくならないように予防するためには、不安を感じているときは身体に力が入っていることが多いため、不安を感じたときに力を抜く練習をするといいでしょう。

リラックスできる簡単な呼吸法も紹介します。不安や緊張で身体が硬直していたら、息を吐くときに「はぁ〜」と力を抜きます（68ページ参照）。これを繰り返すと不安が消えて安心感が広がっていきます。

また、普段感じていない足の裏に意識を向けて、床に接している感覚、重い感覚などに意識を向けてみるのもいいでしょう。歩く瞑想では、この感覚を使いゆっくりと歩き余計な思考（不安）を減らします。

感覚に意識を向けられるようになると不安が減って安心感が広がっていきます。とにかく気持ちをリラックスさせることが重要です。そこで、私が最強の不安軽減法として提唱している**「回転ワーク」**というものがあります。

この方法は、強迫性障害に悩まされて薬を飲んでも治らないというクライアントさん（男性です）に試してもらったことがあります。

この回転ワークは、とにかく頭で考えないで、感じることが大切です。イメージや感覚をつかさどる右脳を使って感じる部分に意識を傾けます。感じる力を使うことで、自分の中にある重苦しい感情を一気に軽く楽しいものに変えてくれます。

★どんな不安も軽くなる「回転ワーク」

❶自分の中に意識を向けます。そして、身体のどこに重苦しい感情があるのかを感じていきます。

❷重苦しい感情は、あなたの中に渦巻く不安のエネルギーです。宇宙に存在するすべてのエネルギーは回転します。
地球が自転や公転をするように、すべてのエネルギーは回転するため、あなたの重苦しい感情も回転しています。

あなたのエネルギーはどちらの方向に回転していますか。右回転でしょうか、左回転でしょうか。それとも前回転、後回転？

なんでもかまいません。心に感じたことをイメージします。

❸回転しているあなたのエネルギーは何色でしょうか。どんな形や色をしているでしょうか。

❹エネルギーの回転が止まるところをイメージします。

❺回転が止まったら、いままでとは逆方向に回転させます。逆回転させたら、それを自分にとって心地よい速さで回転させていきます。

❻最後に、逆回転させたエネルギーに自分の好きな色をつけてみます。そのときに、水のせせらぎ、波の音、鳥のさえずり、鈴の音など自分の好きな音をつけたり、アロマなどのさわやかなフローラルの香りやミントの香りなど自分の好きな香りをつけてみます。

先ほどの強迫性障害に悩まれていたクライアントさんは、このワークを体験したあと、「はじめはグレーの塊だったモヤモヤが、逆回転をさせたとたん、軽くなってキラキラと明るくなりました！　すると、カーテンをパッと開けたときみたいに、視野全体が明るくなって……。ホッとして涙が……」と言ったあと目頭を押さえていました。

このワークは強力です。これまでにさまざまなクライアントさんにこの方法をお伝えしてきましたが、多くの人が「このワークのおかげで、不安で胸が苦しくなることがなくなりました」と笑顔になっています。

この項の最後に、余計な思考や雑念から解放されたい、目の前のことに集中したいと思ったときに、短時間で気持ちを切り替えられる簡単な呼吸法も紹介しておきます。

とくに強迫性障害の人は、自分の思考に振り回されて疲れ果ててしまい、意識がそこだけに向いてしまうため日常生活を行うのも困難になってしまいます。ですから、呼吸1つで集中できる効果的な方法です。

それが**「4点呼吸法」**です。ゆっくりと深い呼吸をしながら始めます。

★簡単に集中できる「4点呼吸法」

❶身近にある四角いものを探してください。それを左上の角を見つめながら、4秒かけて息を吸い込みます。
❷視線を右上の角に移動して4秒間、息を止めます。
❸視線を右下の角に移動して4秒間、息を吐きます。
❹視線を左下の角に移動して、心の中で「リラックス、リラックス、スマイル」とつぶやきます。
❺気持ちがリラックスするまで❶～❹を繰り返します。

この呼吸法はアメリカ海軍の特殊部隊ネイ

[4点呼吸法]

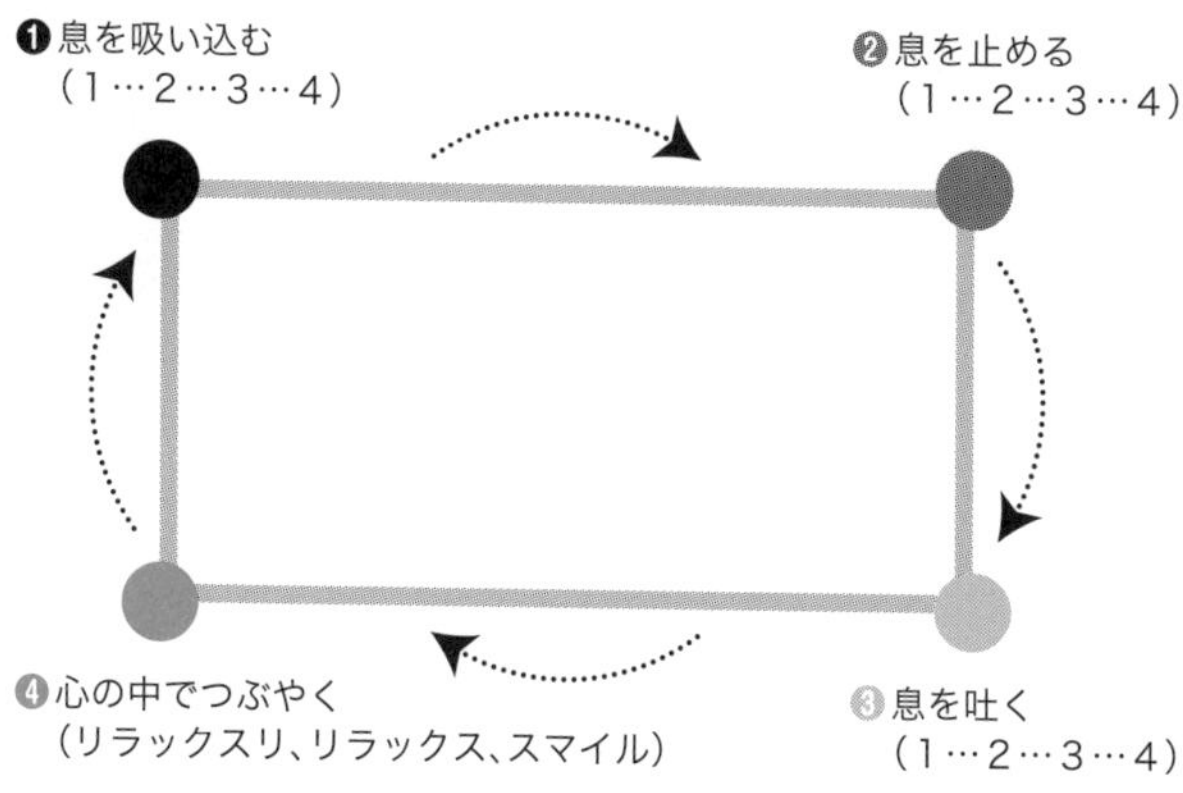
❶息を吸い込む
（1…2…3…4）
❷息を止める
（1…2…3…4）
❹心の中でつぶやく
（リラックスリ、リラックス、スマイル）
❸息を吐く
（1…2…3…4）

ビーシールズの訓練項目でもある「ボックス呼吸」と呼ばれる方法で、私のクライアントさんで強迫観念の強かった受験生も試験前にこの呼吸法で高得点を取りました。また、苦手な場面でパニックになってしまうクライアントさんにも効果があった方法です。

普段から呼吸をコントロールできるよう練習しておくと、いざというときに安心です。

新しい環境への不安（引っ越し、転職、独立、新プロジェクトなど）

新しい環境は、一見楽しみでもありワクワク感があるように感じられますが、慣れない場所や仕事は大きな不安となることもよくあることです。なぜなら、新しい環境でどのように行動し対応していくのかが見えないからです。

見えないものに対して、不安を感じやすい人はなおさらです。何か物音がしたときに不安を感じるものですが、陰からネコが出てきたら安心します。しかし、物音の原因がわからなければ不安が大きくなるような感じです。

ですから、新しい環境に不安になるのは当たり前です。不安になっている自分に対して、情けない、ダメな自分などと思わないでください。

一番の応援団は自分です。1日の中で誰と会話する時間が長いと思いますか。それは「自分との対話＝内的対話」です。「新しい環境でもよくやってるよね。不安になるのも当然だよ。慣れるまで3カ月くらいかかるのがふつうなんだから」と、まずは自分を労ってください。

さて、新しい環境にはさまざまあります。引っ越しをして新しい土地に住む、転職して新しい職場で仕事を始める、仕事を辞めて独立する、新規のプロジェクトに参加する、新入社員として出発するなど、未来は誰にもわからないことです。

こうした環境には、ワクワクする人もいれば不安になる人もいます。

私のところに来るのは当然、後者の人です。もともと生きづらい世の中を歩んできていますから、環境になじめない人がカウンセリングに来ます。

たとえば、クライアントさんには大学生などもいるのですが、就活での不安や内定をもらってからも今後どうなるかが不安と、見えないものに意識が向くと落ち着かないという人もいます。

真面目で努力してきた分、苦労をしている人が多いですから、この間は不安定になっています。やはり意識が違うのかもしれません。新しい環境にワクワクする人もいると思いますが、「大丈夫だろうか」「自分でやっていけるのだろうか」「ダメなんじゃないか」と悪い方向へ妄想してしまうのも別段、そういった人には当然の感情なのです。

では、そんな不安を軽くするにはどうしたらいいでしょうか。

それには、**具体的に何が自分にとって不安なのかを事前に知っておくこと**です。

漠然とした不安ですと対処しにくいですが、具体的にわかると対処しやすくなります。

たとえば、新しい場所に引っ越しをするということになったら、その地域に何があるかを調べておきます。近くにスーパーやコンビニがあるのか、病院はどこにあるのか、役所や警察署は……など、自分が実際に住んでみることをイメージして、日常生活を描けるようにします。不動産屋さんに地域の治安や雰囲気を聞いてみてもいいし、通学・通勤の交通量なども感じてみてもいいかもしれません。

新しい職場で働くことになったら、入社して1、2週間は仕事を覚えるのと同時に、職場の雰囲気を観察してみることです。どんな上司なのか、同僚・先輩は話しやすい人なのか……など、なかなか自分から話しかけるのは難しいと思いますので、まずは働きやすいイメージを描いていくのです。

また、独立しようとする人ならば、まずは独立しようと決断してしまうことです。実際に、独立してからもわからないことはたくさんありますし、不安なことだらけです。でも、それに躊躇していたらなかなか独立できません。

私も資格を取ってすぐにカウンセラーの肩書で独立をしました。「独立を考えているだけならいつまで経っても独立できないよ」と友人に言われたからなのですが、案外、独立そのものは簡単なことでした。不安を感じている人の心を少しでも軽くしていきたいという思いだけを大事にしていこうと思っていたくらいです。はじめは精神科のクリニックや大学でカウンセリングを行いながら、自然と個人カウンセリングも増えて、その後は完全な独立をすることができました。

いずれにしても、不安を感じたら、具体的に知って事前にイメージをしておくと、不安も少しは軽くなります。

具体的なイメージができるようになったら、それに対してどう対処していけばいいのでしょうか。

まずは対処しようと考える前に、87ページで解説した「グラウンディング」を毎朝行いましょう。この方法は、宇宙と自分、地球のエネルギーをつなげて、地に足をつけて生きられる、1本の貫く軸ができ上がります。

グラウンディングで、あなたの行動や態度から頑なさやオドオドした気持ちが消えていくので、居心地のいい空間、居心地のいい人間関係をつくることができます。

そのうえで、たとえば何かわからないときは人に聞く、そのときの話の切り出し方やお礼の伝え方など事前にシミュレーションしておくなどしておけば安心です。上司にはどんなタイミングで、どう切り出せばスムーズにいきそうかなども事前に対処策を考えておくといいでしょう。

ほかにも、新しいプロジェクトの何が不安なのか、仕事の内容はＯＫだとしても、苦手な人がいて、その人の顔色をうかがってしまう場合などどうすればいいのかなど明確にシミュレーションしておく必要があります。明確になると対応策が考えられるからです。

引っ越し先での不安も、そこで親しい友人ができるのか、そのために何ができるのかをシミュレーションしておくのもよいでしょう。

当たり前だと思うことですが、不安は見えないものに対してはどんどんふくらんでいくもの。何が不安かを知り、それをイメージして、事前に対処することによって不安を少しでも軽くしましょう。

さて、最後に独立に対する不安ですが、これには最適なワークがあります。これもNLPから勉強させていただいたワークですが、独立した状態を3つの立場からイメージしていく**「ディズニーストラテジー」**というものです。

実際に、独立したいけど不安という人で私のところに来る人はほとんどいませんが、話をしていて、将来考えていることが出てくるクライアントさんには、最後にこのワークを紹介しています。

夢が叶(かな)うワークでもあるのですが、これを紹介するには実際にクライアントさんが元気になって、前に進もうと感じているときだけです（独立を考えていること自体、前向きなんですが）。

この「ディズニーストラテジー」のワークは、第4章で4つのワークの1つとして解説していきます（184ページ参照）。

夫や妻、彼氏や彼女が浮気をしているのではという不安

もしかしたらパートナー（夫・妻や彼氏・彼女）が浮気をするんじゃないか、浮気をしているんじゃないかという不安を感じる人はかなり多いと思います。

こうした相談は、カウンセラーに相談に来るのではなく、専門の先生のところに行くのではないかと思いますが、そうした不安は生きていれば自然と生じる問題なのかもしれません。

ただ、なぜそのように思うのか。相手のどんな行動が自分を不安にさせるのでしょうか。それは相手の行動なのでしょうか。たとえば、携帯電話をお風呂まで持っていく、外泊が増えた、態度や雰囲気が変わったなど。浮気は事実かもしれませんし、思いすごしかもしれません（問い詰めて、相手の態度が激変したら疑うものですが）。

そして、ここが大切ですが、これから2人の関係をどうしていきたいのかというこ

とです。関係を良くしていきたいのか、それとも別れたいのか。

浮気が本当の場合は、許すのか許さないのか、それとも知らないフリをするのか。

そして、思いすごしかもしれないときは、自分をどう整えていくのか。

どんな選択をするにせよ、一番大切なのは**「自分の状態を整えること」**です。

裏切られたかもしれないというつらい状況で自分を整えるのは大変なことだと思います。しかし、だからこそ必要なことなのです。

なぜなら、自分を整えたうえでの選択なら間違いはないし、後悔しないからです。

一時の感情に任せてネガティブな状態で選択してしまうと、たいていはあとで後悔することが多くなります。それゆえに最適な選択や最適な行動はしにくくなります。

まずはグラウンディング（86ページ参照）などで自分の感情を整えていくしかありません。または、ジャーナリング（66ページ参照）をして、自分の感情を吐き出してスッキリするといいでしょう。

これは私の師匠である児童精神科医の河野政樹先生からお聞きしたことですが、ジャーナリングをさらに発展させた形のワークがあります。**「愛と恐れの感情から書くワーク」**と言えばよいでしょうか。

河野先生によると、感情には愛と恐れの2つの感情しかないと言います。ある1つの出来事に対して、不安といった恐れの感情、いわゆるネガティブな感情というものが湧き起こってきます。そうした感情をジャーナリングのようにすべて出し切って、気持ちをスッキリさせたあとで、今度は愛の感情から、同じ出来事を見て表現するというものです。

ジャーナリングはネガティブな感情を吐き出してスッキリすることが目的ですが、「愛と恐れの感情から書くワーク」では、出来事を愛の感情という立場から、もう一度見つめ直して書いていくという作業が加わります。

そうすると、「いろいろなことがあったけど、こんなこともあったんだ」と気づいたり、「今後は自分の経験として生きてくるかもしれない」と客観的に自分を見ることができたり、「自分もよくやっているな」と受容することができたりするそうです。

愛の立場から出来事を考えることによって、見方を変えるだけで自分の感情も書き換えられるのです。こうして自分を整えないかぎり、浮気されたことが真実だったとき、本当に自分がつらくなるだけです。このワークは、視点を変えるという意味で日常生活で起こる出来事にも柔軟に考える心が生まれてきます。

以上、この章では日常生活で現れる、よくある不安になるケースについて、私が実際に行っているカウンセリング方法とともに解説してみました。

その中で、いつもクライアントさんに伝えていることは、まずは自分を労ってあげることです。そして、いつでも自分に「I am OK.」を出してあげること。これができるようになれば、かなり前進しています。

そして、ここで挙げた不安を軽くする方法も、すべてやらなければいけないということではありません。「～しなければいけない」という思いは、身体を緊張させリラックスできない状態をつくりますから、気軽にやってみればいいのです。

そういった意味で、次の章で紹介するワークも同様。これからやっていただくワークは、実際に頭と手を使ってやっていただくことですが、これらのワークも気持ちが少し前向きになり、ポジティブになったなと感じたときにやってみるといいでしょう。

自分を大切に思えたときこそ、ワークは力を発揮してくれることでしょう。

•
•
•

第4章

自己カウンセリング実践ワーク

カウンセリングでワークをやることの大切さ

この章では、実際に私がクライアントさんに宿題という形でやっていただいているワークを４つ紹介します。

なぜワークが大切なのか。それはワークをすることによって不安が軽くなるのはもちろんですが、「自分の内なる心と対話する」ことによって、自分自身を知り、自分を受容し、ひいては自分の人生がよりよくなっていくからです。

それだけではありません。ワークを続けていくと自分自身だけではなく、周りの人に対しても自信が湧いて、周囲にいい影響を与える人にもなれるのです。

これまで生きづらさを感じていた自分が、周りの人たちにも影響を与えるなんて本当だろうかと思う人もいるかもしれません。でも本来、真面目で繊細で頑張り屋なのですから、これから人生を変えることのできる人なのです。

私はカウンセリングの勉強をしながら、一番救われたのは自分自身だったと思っています。

さまざまなワークを実際に体験して、時には「そういうことだったんだ」と気づいて、ワーク研修のときに涙があふれて止まらないということもありました。

一緒に学んだ人たちも同じような経験をした人がたくさんいました。カウンセリングを勉強する人は、もしかしたらさまざまな問題を抱えながらも、同じような問題を抱えている人を救いたいという思いがあったのかもしれません。

ワークにはそんな力があると思っています。

さて、「自分の内なる心と対話する」とはどういう意味でしょうか。

難しい言葉でいうと「内観」ということになります。内観は、もともとは仏教の修行の1つで「自己そのものを精細に観察すること」という意味ですが、心理学では「自分の意識体験を自ら観察すること」、すなわち「自分自身の精神状態やその動きを内面的に観察し、自分自身と向き合う」ことです。

実際に行われる内観研修というものは、ほとんど何もない部屋で数日間過ごしますが、それほどストイックにやる必要はありません。むしろ、自分にとって心地よい場所で、心をリラックスさせながらやったほうが、どんどん楽しくなってくると思います。

ソファーに腰掛けコーヒーでも淹れて、リラックスできる音楽でも流しながらやってみてください。

はじめは、いきなり書くのは難しいかもしれませんが、そんなときは、これまで解説したグラウンディングや漸進的筋弛緩法などを繰り返し、気持ちが落ち着いたら始めてみてもいいでしょう。

第1のワーク
「自分軸を確立する棚卸しシート」

ビジネス書を読むと、新しいことに挑戦するときや独立・開業などを考えるときに、自分の強みを見つけるために「自分の棚卸し」という作業が出てきます。自分の過去を振り返り、どんなことが好きだったのか、得意なことは何だったのかを再発見し、それを将来に生かすためにします。

しかし、不安を感じる人にはそうしたポジティブな発想ではなく、自分を受容して自信を得るためのワークと考えてください。書いていただく項目は4つあります。

★自分軸を確立する棚卸しシート（実際のシートは170、171ページにあります）

❶「幼少期から現在までの出来事」を思い出せる範囲で書き出す（家族や友人、周

りの出来事も含め詳しく書いてください)。

❷「そこで生まれた失敗パターンは何か?」をそれぞれ書き出して、すべてを見て、項目の一番下の枠の「共通する失敗パターン」があれば書き出す。

❸「そこで生まれた成功パターンは何か?」をそれぞれ書き出して、すべてを見て、一番下の枠の「共通する成功パターン」があれば書き出す。

私の場合の例を挙げてみますが、たとえばこんな感じです(幼少期から現在までの中で、とくに不安であった出来事を選んでみました)。

---

❶中学1年生。私立中学で半数が小学校から上がって来ていたので、すでにグループができ上がっていて打ち解けにくかった。

❷人見知りしてしまう。

❸なし。

---

❶高校時代。中高と伴奏者として選ばれてピアノを続けていたものの、有名なピア

ノの指導者に付けたり付けなかったりした。演奏法にも迷いがあった。
❷厳しい世界で私には向いてないかも、基礎ができていないなどネガティブに。
❸私を理解し認めてくれる先生のおかげで、自分をちゃんと見てくれる人はいる。
努力は報われる。

---

❶第1子・第2子出産で子育てに追われる。
❷寝不足が続くとつらい。
❸よく寝ること。人に頼っていいこと。自分で守るということ。

---

❶臨床心理士になるための大学の編入試験と大学院合格。
❷なし。
❸強い意識を持つこと。

出来事のうちいくつか挙げてみましたが、このほかにも書き出した「共通の失敗パターン・成功パターン」を俯瞰してみた結果、次のような共通点がありました。

❷難しいかもとかできない、私には向いていない、無理などと、やる前についつい思ってしまうこと。新しいことを始めるのは好きだが、不安にも思ってしまうこと。
❸あまり考えすぎずシンプルに楽しむこと、人や自分を受容すること、流れに乗って行動することでうまくいく。

ここで大切なのは、自分に共通する失敗パターンと成功パターンです。これが現在もあなたの性格や行動を物語っています。

不安な心を軽くするためには、まず自分を受容することだと何度もお伝えしていますが、このシートから失敗パターンを受け入れてあげることです。「いつもうまくいかない自分は、こんな気持ちだったんだ」と気づくだけで素晴らしいのです。

そして、優しく自分を抱き包んであげてください。そして、「つらいこともよく頑張ってきたね」と自分を労ってください。

真面目で人に気遣い努力してきたこれまでの人生に、涙が自然と流れてくる人もいるでしょう。そうしたら自分に「I am OK.」を出してあげてください。

そして、あなたにも成功パターンがあったはずです。共通するパターンは、あなたのポジティブな感情です。どうしても気持ちが前向きになれないとき、あなたにもうまくいくパターンがあるということを再確認してみてください。

私も30年以上、不安とともに生きてきたと思っていました。しかし、自分を棚卸ししてみると、そんな自分に気づいて受け入れていた、そんな人生だったのだと思います。考えすぎずシンプルに楽しむことで人生の波に乗れていたんだとあらためて感じました。

そう思うと、不安に思うくらいならそれはそれで認めつつ、楽しいイメージを持って進めばいい、それを自分軸に生きていけばいいと思えたのです。

あなたもぜひ、最初にこの「自分軸を確立する棚卸しシート」をやってみてください。素敵な自分を発見できます。

ワーク 1

	その出来事での失敗パターン	その出来事での成功パターン
	［共通する失敗パターン］	［共通する成功パターン］

[自分軸を確立する棚卸しシート]

★あなたに起こった大きな出来事

①

②

③

④

⑤

⑥

⑦

⑧

⑨

⑩

⑪

⑫

⑬

⑭

⑮

第2のワーク
「今日よかったことを3つ書く」

第3章の「ネガティブ感情をポジティブ感情に切り替える方法」で感情を書くことで気持ちを切り替える方法として「今日よかったことを3つ書く」というものがありました（67ページ参照）。

最初は何を書いていいのかわからないという人も多いでしょう。これまで不安なことばかり頭に浮かんできていましたから、「今日も1日、嫌なことばかりだった」と思うかもしれません。しかし、このワークはその視点をよいことに移すことで習慣化し、不安に思うことをだんだん少なくしていくのが目的です。

常にポジティブな人は、このよかったことが3つでは足りないほどあったりします。ただこのワークは、とにかく3つ、よかったことを書いていきます。

もちろん、よかったことだけではなく、「いつもと違うものに気づいたこと」「いつもと感触が違ったこと」「なぜだか心地よかった音」「おいしかった料理」など、自分が新しく気づいたことでもかまいません。

大切なのは、1日の生活の中で五感で感じたものを書いていくのです。そして、なるべく意識的に探してみることです。意識が〝感じること〟に長(た)けている人たちですからきっとたくさん気づくことでしょう。

心地よい感覚に意識を向けることが大切です。

例1「いつも通っている場所に、こんな小さな花が咲いていた」
例2「初めて行ったところのランチがおいしかった」
例3「あそこの看板が新しく変わっているな」
例4「テレビで流れていたあの曲は、いい歌詞だったな」
例5「となりの家からいい匂いがしたけど、どんな料理だろう」

このようなことを書いてもOK。なぜならば、あなたにとってすべてよかったことだからです。小さな花が咲いていることに気づけた自分ってすごくないですか。食事がおいしいと感じる自分ってすごくないですか……。

しかも、1日であったよいことを考えている時間って、不安な気持ちはどこかにいっていませんか。いつもと違う視点で物事を考えれば、きっとポジティブになっていくはずです。

さらに、よい視点の焦点を広げるために「なぜよかったのか?」「何をしたらよいと感じたのか?」を1つ1つ書いていきます。

例1「いつもは気づかなかったけど、意識を向けただけで可愛いお花に気づいた」

例2「新しいお店に行くのは勇気がいったけど、行ってよかった。勇気や好奇心は大事だな」

ということで、「よかったこと」「気づいたこと」を見つけて書き出すワークを、まずは2週間続けてみましょう。1日の終わりのどこか、同じ時間帯でやるのが効果的です。前にも述べましたが、同じ時間帯で続けると、脳はその時間を記憶しますから、心もリラックスできて楽しい時間へと変わっていきますよ。

ワーク 2

[今日よかったことを3つ書く]

★ 2 週間	1 つ目	2 つ目	3 つ目
1 日目			
2 日目			
3 日目			
4 日目			
5 日目			
6 日目			
7 日目			
8 日目			
9 日目			
10 日目			
11 日目			
12 日目			
13 日目			
14 日目			

第3のワーク
「ポジションチェンジ」

このワークは、私がＮＬＰ（NLP Institute of Japan）で学んだ方法を、自分自身で変化をうながしていけるようにしてみたものです。実際には、カウンセリングの技術を学ぶためのもので、私がカウンセラーという立ち位置でクライアントさんの話を聞くときになくてはならないものです。

これは人間関係すべてに使えるもので、苦手な人、親や子ども、パートナーなど、あなたが不安を感じる相手をそれぞれ変えていくことで、相手との接し方が変わります。ワーク２で視点を変えてみる練習を解説しました。今度はそれを人間関係に応用するということです。

この「ポジションチェンジ」とは、「自分の立場、相手の立場」に立って、それぞれの感情を表現し、それを客観的に見つめる「第三の立場」に立つことで、これまでにない気づきや発見を得ることができます。

ポジションとは「中にいる状態」を指します。言い換えれば、表に出ていない内面の感情になります。

まずは、人間関係を変えたいと思う人を1人選びます。そして、その人の態度を想像しながら自分の接し方や感情を質問にしたがって、それを言葉にして書き出していきます。

★「自分の立場」を考えるための質問

❶あなたは○○さんを何と呼んでいますか？
❷あなたはどんなとき、○○さんに話しかけづらいですか？
❸あなたが話しかけづらいとき、○○さんはどんな雰囲気・表情ですか？
❹○○さんのどんなところ（態度・言い方など）が嫌な感情（不安、怒り、苦手意識、疑いなど）を引き出しているのですか？
❺○○さんと接しているとき、あなたはどんな態度を取っていますか？
❻○○さんと接しているとき、あなたはどんな感情ですか？

自分の感情まで書き出したところで、いったん「第三者の立場」に立って気持ちを落ち着かせます。

なぜここで第三者の立場になるかというと、いったん中立的な立場になることで、自分の感情をニュートラルな状態にするためです。ニュートラルな状態というのは、先ほどの感情や相手の態度・表情などに何の思い込みも持たないことで、立場を客観的に見ることができるからです。

つまり、自分の立場で書き出したものに善意を持って接することができるのです。深呼吸などをしてニュートラル状態になったら、次に自分が相手になったことをイメージして、次の質問に対する答えを書き出します。

★「相手の立場」を考えるための質問

❶○○さんはあなたを何と呼んでいますか?
❷あなたが話しかけてくるとき、○○さんはどんなときですか?
❸○○さんから話しかけられるとき、あなたはどんな雰囲気・表情ですか?

❹あなたのどんなところ（態度・言い方など）が嫌な感情（不安、怒り、苦手意識、疑いなど）を引き出しているのですか？
❺あなたと接しているとき、○○さんはどんな態度を取っていますか？
❻あなたと接しているとき、○○さんはどんな感情ですか？

さて、ここであなたは相手の立場に立っています。その状態で次の質問に答えていきます。

★相手の思っていることは何ですか？

❶あなたが話しかけてくることを通して、一番知ってほしいことは何ですか？
❷あなたが話しかけてくることに対して、何を期待（してほしいこと）していますか？
❸あなたを認めているところはどこですか？
❹あなたに感謝していることは何ですか？
❺あなたとどんなふうになりたい（感情）と思っていますか？

この質問に答えを出したところで、また第三者の立場に戻ります。そのときに、あなたに感じてほしいことがあります。それは自分の立場で相手を想像したときといまとではどんな違いがあったかです。その違った感情を最後に書き留めてみてください。

おそらく、相手はあなたが不安に思うほどあなたを避けているわけではなく、むしろあなたを認めているという感情が湧くのではないでしょうか。先ほども言ったように、いったん第三者の立場に立つことにより、両者を客観的に見つめることができます。しかも、そこには善意の感情が芽生え、あなたが今度その人に接するときには、不安どころかかいい人に変わっていることすらあるのです。

一度、このワークを試してみてほしいと思います。人間関係における新しい発見があるはずです。

私はこのワークをやったあとで、苦手で怖いと思っていた人の淋しさ、認めてもらいたいという気持ちが伝わってきて、ジーンと涙が出てきたことがあります。相手の気持ちが理解できたことで心が和らぎ、人間関係も改善されました。

ワーク 3

[ポジションチェンジ❶「自分の立場」を考えるための質問]

①あなたは○○さんを何と呼んでいますか?

②あなたはどんなとき、○○さんに話しかけづらいですか?

③あなたが話しかけづらいとき、○○さんはどんな雰囲気・表情ですか?

④○○さんのどんなところ（態度・言い方など）が嫌な感情（不安、怒り、苦手意識、疑いなど）を引き出しているのですか?

⑤○○さんと接しているとき、あなたはどんな態度を取っていますか?

⑥○○さんと接しているとき、あなたはどんな感情ですか?

ワーク 3

[ポジションチェンジ❷「相手の立場」を考えるための質問]

①○○さんはあなたを何と呼んでいますか?

②あなたが話しかけてくるとき、○○さんはどんなときですか?

③○○さんから話しかけられるとき、あなたはどんな雰囲気・表情ですか?

④あなたのどんなところ(態度・言い方など)が嫌な感情(不安、怒り、苦手意識、疑いなど)を引き出しているのですか?

⑤あなたと接しているとき、○○さんはどんな態度を取っていますか?

⑥あなたと接しているとき、○○さんはどんな感情ですか?

ワーク3

[ポジションチェンジ❸ 相手の思っていることは何ですか？]

①あなたが話しかけてくることを通して、一番知ってほしいことは何ですか？

②あなたが話しかけてくることに対して、何を期待（してほしいこと）していますか？

③あなたを認めているところはどこですか？

④あなたに感謝していることは何ですか？

⑤あなたとどんなふうになりたい（感情）と思っていますか？

第4のワーク「ディズニーストラテジー」

最後のワーク「ディズニーストラテジー」は、これまでのワークを通して、心の不安が軽くなりもっと前向きに進んでいこうと思ったときにやってほしいワークです。

第3章で「新しい環境への不安」を軽くする方法を解説しましたが、今度は「新しい自分」にチャレンジする番です。不安が軽くなり、少しでも前向きになったとき「やりたいこと」が心に浮かんでくるものです。

「自分軸を確立する棚卸しシート」の「成功するパターン」を眺めてみると、「自分にもできることがあったんだ」「こんなことが得意だったんだ」と感じたと思います。そして、「新しいこと＝かつてやってみようと思ってできなかったこと」などが出てきたはずです。

そんな思いが湧いてきたら、やってほしいのがこの「ディズニーストラテジー」というワークです。

このワークは、鳥の目のようになった気分で自分を俯瞰して見つめていきます。新しく始めることを「3つの視点」で見ていくのです。

3つの視点とは「夢想家」「現実家」「批評家」というもので、それぞれの立場からイメージしていきます。あとで俯瞰してみるために、それらを書き出していきます。

まずは、3つの立場はどういったものかを説明します。

★夢想家

あなたがやりたいことを自由な発想、無限の想像力で達成した姿を描いていきます。あなたのイメージには制限はありません。成功した姿を具体的にイメージしてみてください。

夢想家の立場に立ったときは、とにかく実現したときの感覚に浸ります。そのときの景色、状況、感情など具体的に感じていきます。

★現実家

具体的な計画や調整などの優先順位をつけながら、実際に始めるときの行動をイメージします。成功までの道のりをどのようにして進んでいくのかというリアリストの立場です。

現実家の立場に立ったときは、夢想家の描いた夢を計画通り実行できるかを考えて提案します。

★批評家

自分の短所や長所などを認めながら、現実家の立場でイメージしたものを本当にリスクはないのか、問題は発生しないかなど客観的な視点で見ていきます。ネガティブな批判ではなく、成功するための建設的な批評をして可能性を探る立場です。

批評家の立場に立ったときは、現実家が提案した計画にリスクや問題点がないか、夢想家が描いたことを実現させるための批評をします。

以上の立場を踏まえて、実際に「ディズニーストラテジー」を行ってみましょう。

[3つの視点で俯瞰する]

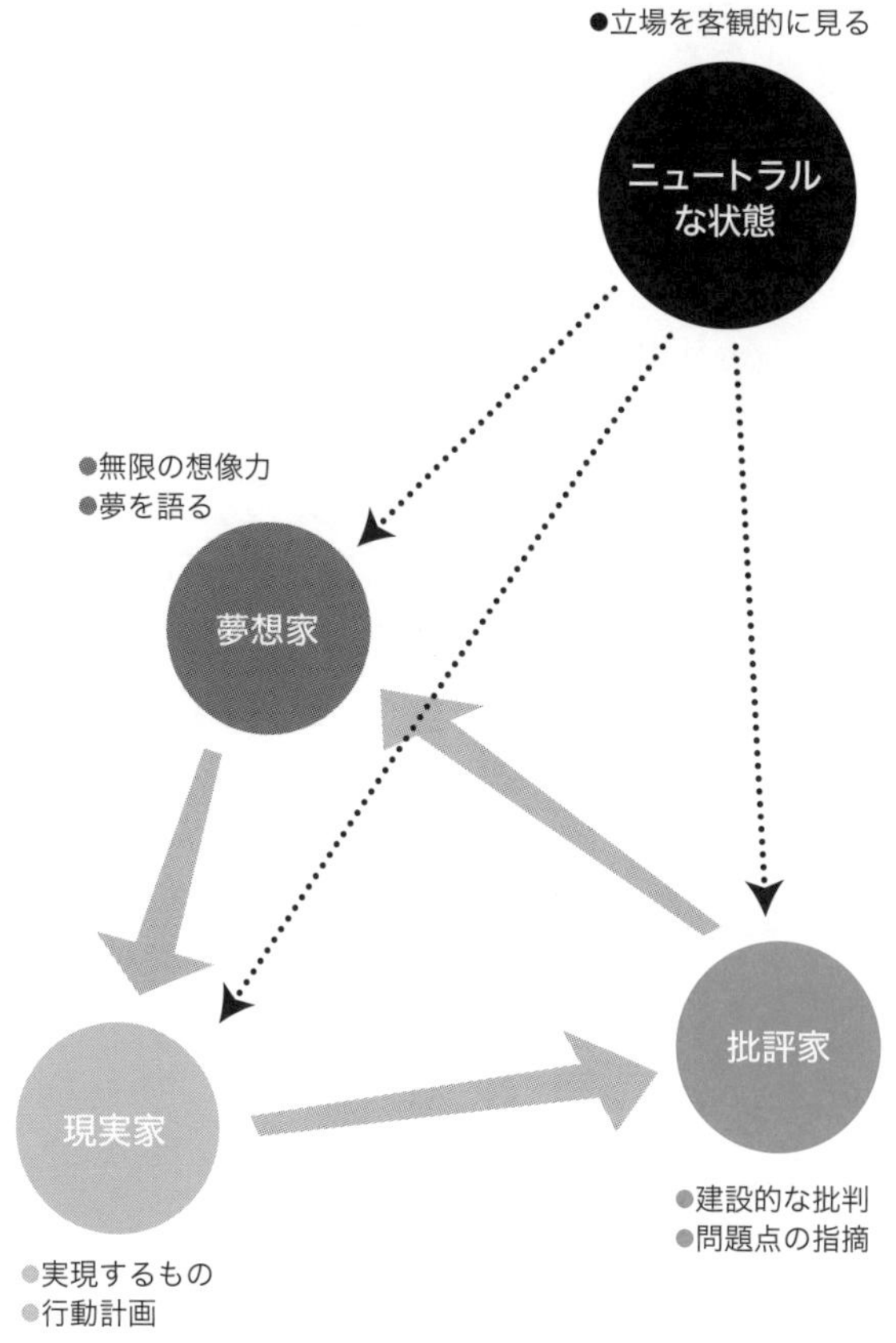
●立場を客観的に見る
ニュートラル
な状態
●無限の想像力
●夢を語る
夢想家
批評家
現実家
●建設的な批判
●問題点の指摘
●実現するもの
●行動計画

★ディズニーストラテジーの具体的な進め方

❶最初に新しく始めたいことなどを決定する。
❷夢想家の立場になって成功したときにイメージしたことを書き出す。
❸いったんニュートラルな状態に戻る。
❹現実家の立場になって成功への具体的な計画を立てる。
❺いったんニュートラルな状態に戻る。
❻批評家の立場になって問題点を指摘し、成功への建設的な意見を書き出す。
❼いったんニュートラルな状態に戻って、俯瞰した状態で現実家、批評家の意見を受け取り、創造的な視点から夢想家の立場でアイデアを広げる。
❽自分のやりたいことが明確になるまで「夢想家➡現実家➡批評家」の作業を2〜3回繰り返す。

なかなかわかりづらいところもあると思いますので、いくつか具体的な例を挙げて、❷夢想家、❹現実家、❻批評家の部分を解説してみます。

★具体例1「ギターを始めたい」

❷夢想家

あるとき、友人から結婚式の招待状が届いた。そこには「ぜひ、余興で出し物をしてほしい」という依頼があった。ずっと練習していたギターの腕前を披露する絶好のチャンス。さっそく当日に弾く曲を選び練習を開始した。そして迎えた友人の結婚式当日。100人以上の参列者を前にしてギターを心を込めて演奏している自分がいる。その曲を聴いていた参列者からは鳴りやまない拍手。新郎新婦も涙を流して聴いてくれた。

❹現実家

結婚式に限らずギターを披露するためには、毎日1時間は練習する時間をつくる必要がある。また、人前で演奏するのなら小さな場所でもいいので、実際に演奏する場があったほうが緊張がなくなる。家族の前で定期的に弾いてみるとか、ボランティアとして施設などで演奏させてもらうとか、とにかく経験が必要。なかなか人前で弾く機会がつくれないならば、思い切ってギターサークルなどに入って演奏機会をつくるのもいい。行動を起こすためにそうした情報を収集し、実行する。

❻批評家

毎日1時間の練習でどのようなレベルを目指すのか、基礎から練習するのか曲を決めて練習するのかをはっきりさせるとゴールが見える。人前で演奏する機会をもう少し具体的に検討したほうがいい。サークルに入るといっても、そこでの練習（コンサートに向けての練習）もあり、ギターを始めたいのならまずは音楽教室を検討したほうが早道ではないか。

★具体例2「カフェをやりたい」

❷夢想家

森の中を車で抜けること10分。欧米のかわいらしい庭園に建つレンガ煙突があるしゃれたカフェ。『雰囲気が素敵でコーヒーも美味しい』とマスコミにも取り上げられて話題になり、毎日多くのお客さんが来てくれる。さらにうれしいのは、何度も足を運んできてくれる常連さんがいること。彼らはいつもカフェで癒されていると言ってくれる。私も彼らと楽しく会話しているときが最高の幸せを感じている。

❹現実家

お店を開業するためには、事細かな経営計画が必要。まずはカフェのコンセプト。そのために必要な資金（借入の有無等）、場所（契約等）、準備期間（メニュー試作等）。そして、実際に始める際の計画。事業登録、外装・内装工事の計画（電気、ガス、通信などの準備も）、開店までの準備（テーブル・椅子、メニュー表、チラシ、SNSなどの告知）、仕入れの確保、必要であればスタッフの募集・採用などが必要だろう。

❻批評家

一度、開業までの流れをまとめて順番立てて進めるフローチャートをつくって、具体的に落とし込むほうが全体を見わたせる。そのうえで、どこが問題なのかを洗い出し1つ1つクリアしていったほうがよい。また、マスコミに取り上げられるような、このカフェならではの強みをコンセプトに打ち出す必要がある。

★具体例3「新しい土地に引っ越したい」

❷夢想家

小さな商店街もある、ちょっとした下町風情も感じられるこの街を初めて訪れたとき、こんなところに住みたいと思い切って引っ越しをして、いまはとても充実した日々を送っている。部屋には太陽の光が降り注ぎ、毎日新鮮な気分で朝を迎えている。今日は休日なので、引っ越しをする前に見つけておいた古風なカフェでゆったりした時間を過ごしている。このカフェで知り合い仲良くなった友人もできて、そこでたまに一緒にお茶をしている。今度一緒に旅行をしようという計画も立てていて楽しみがまた増えた。引っ越しして新しい自分に出会えた気持ちでいる。

❹現実家

住む物件を探すことも大事だが、生活に必要な場所も下調べをしておくとよい。スーパー、病院、役所、そのほか生活に必要なお店など、街のマップを調べて物件を選ぶ必要がある（もちろん、お気に入りのカフェも）。そのうえで、家賃相場、何にこだわり何を妥協するのかも検討する（日当たりは絶対条件など）。最後に、いつ頃に引っ越しをするのかを決めて、少しずつ荷造りできる計画も立てておきたい。

❻批評家

引っ越しをしたあとで不安にならないよう、自分が納得するまでその街を散策してみるのもよい。実際にカフェに足を運んで店主と仲良くなってしまうとか、近くのスーパーで買い物をしてみるとか、街に詳しい人に聞いてみる（地元の美容室などもいい）とか、実際に体験してみることで生活が実感できる。

★具体例4「仕事を辞めて独立したい」

❷夢想家

10年以上も働いた現在の職場。会社に辞表を提出したときは周囲から驚かれたが、思い切って独立してよかった。とくに営業をしたわけでもないが、私の独立を知って、「真面目で責任感の強いあなたに仕事をお任せしたい」と仕事の依頼がたくさんきた。何より「人から喜ばれることをしよう」ということを最優先して仕事をしてきて、これまでやってきた結果が報われたのかもしれない。自分のペースで仕事ができてストレスもない毎日を過ごせているし、独立してよかったと感じている。

❹現実家

独立までの具体的な流れや事業計画書を作成する。事業内容、顧客ターゲット、商品・サービス価格、資金繰り、顧客獲得（集客）、法的手続きなど、やるべき項目が多いので、何をいつどのようにするかを計画書という形でまとめる。そのために、独立起業セミナーなどに参加することを計画に入れてもいい。

❻批評家

家族など独立を応援してもらえるように相談しておいたほうがよい。周囲の協力を得て独立しないと経済的な面でストレスになる場合もある。仕事の依頼はそうそうあるものではないと考えて、これまでの御礼や独立の報告、挨拶を誰にするか、どのようにするかなど、同様に協力者が増えてくれる方法を具体的に考えておかなければいけない。また、仕事の依頼がなかった場合、自分でどう営業するかの計画もしっかり立てる必要がある。副業として始められるもの（会社が副業を認めている場合）であれば、まずは成功事例として請け負ってみることも考えてみていい。

・・・

この「ディズニーストラテジー」をやると、よくわかると思うのですが、3つの視点をイメージしていく中で、人によって批評家が出やすい人や現実家や夢想家が出や

ワーク 4

いてください）

もの）

対して）

らにアイデアを広げます）

ていきましょう

[ディズニーストラテジー]

①新しく始めたいことを書く

②夢想家になって成功したときのイメージを書く（制限を取り払って、自由に書

③ニュートラルな状態に

④現実家になって成功への具体的計画を書く（夢想家の夢を実現するための

⑤ニュートラルな状態に

⑥批評家になって建設的な意見、問題点を指摘する（現実家の立てた計画に

⑦ニュートラルな状態に（現実家、批評家の意見を俯瞰し、夢想家の視点からさ

⑧夢想家 ⇒ 現実家 ⇒批 評家の作業を2～3回繰り返して明確なイメージにし

すい人がいます。

とにかく、不安を感じる人は夢想家のように夢を描くのが苦手な人が多く、私が実際にクライアントさんにこのワークをすると、最初のところで考え込んでしまう人もいます。どうしてもここが書けないという人は、まだまだ不安な要素が強いのだと思います。

ですから、無理にワークをする必要はありません。これまでお伝えしてきた心を軽くする方法を何度も試して、できるワークをしてみて、本当に何か新しいことをしてみたいという前向きな気持ちになったときに始めてみてください。

イメージトレーニングという言葉があるように、常に不安なイメージをしてしまうのは、長い人生でつくられたビリーフによって強化されてきた自らのイメージトレーニングです。

ということは、心が軽くなったときのイメージトレーニングやワークで行うイメージトレーニングをしていくことで、新しいビリーフがつくられて前向きでポジティブなイメージをつくることができるということなのです。

✔3つのエネルギーが統合されると自分らしく生きられる

「ディズニーストラテジー」のワークでは、それぞれ立場の違う3つの視点で自分を見ることによってイメージが明確になり、かつ具体的な行動や改善まで創造性やアイデアが広がっていきました。実は、この3つの視点はとても大事で、人間関係における自分軸を持つことができるようになるのです。

「三位一体」という言葉があります。これはキリスト教の「父なる神、子（なるキリスト）、そして聖霊」は一体であるという意味から生まれた言葉ですが、実際に、「3つのものが本質において1つのものであること」「3者が心を合わせて1つ（一体）になること」という意味で一般的に使われています。

このワークの「それぞれ立場の違う3つが統合されると力を発揮する」という考え方は、自分自身の心の一体化においても力が発揮されると考えることができます。

心には3つの元型があります。それは「強さ」「思いやり」、そして「ユーモア」です。

「強さ」⬇「思いやり」⬇「ユーモア」の順に入り、イメージをしていきます。

このときにイメージするのは、元型を体験するということです。それは強さの元型を表している人や漫画などに象徴されるキャラクターなどです。あなたが思う元型になる人物をイメージして、（その人が）どのように強さを発揮しているのかを感じながら強さのスペースへと入っていくのです。強さを発揮している人の強さが自分の中に入ってくるのを感じます。

では、思いやりの元型を持っている人は誰でしょうか。ユーモアを持ち合わせている人は誰でしょうか。そういった人を思い浮かべながら順番にスペースへ入っていき、これらを統合（一体化）させていくのです。

統合するときには、ディズニーストラテ

[心にある3つの元型]

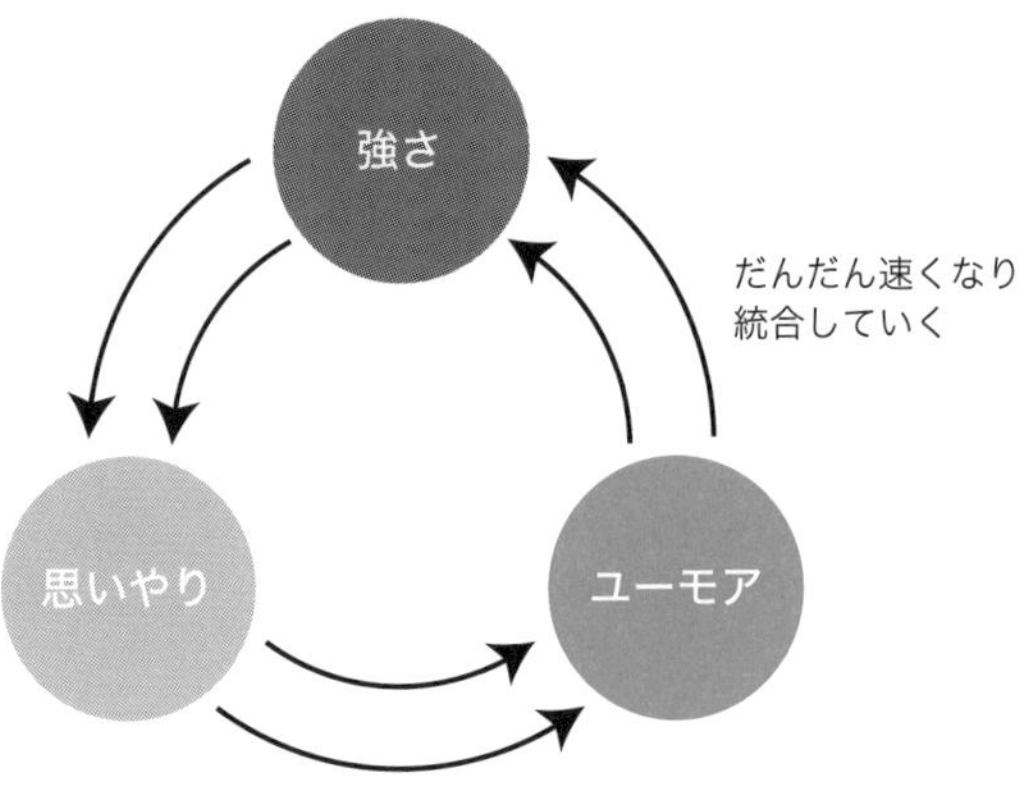

ジーにあったニュートラルな状態は省略し、「強さ⬇思いやり⬇ユーモア」の順に入っていきます（ニュートラルを挟むのは1つ1つをじっくり感じるのにリセットするためで、ここでは必要ありません）。そして、3つのスペースを最初はゆっくり感じながら回り（移動し）⬇だんだん早く回り（移動し）⬇統合されていきます。

ちなみに、ユーモアは強さと思いやりと統合する必要があるのだろうかと感じる人もいるかと思います。

実は人間関係においてユーモアはとても大事で、コミュニケーションの円滑剤といわれています。欧米ではビジネスにおいて機知に富んだジョークやセンスが求められますが、そんなに深刻に考える必要はありません。何も人を笑わせなければいけないということではないのです。

コミュニケーションにおいて「親しみを持てる」かどうかが大切です。あなたがイメージしたユーモアのある人は誰だったでしょうか。なぜかその人がいると明るい雰囲気になり、その場を和ませるという人がいるかもしれません。

ユーモアとは、もともとラテン語で「体液」を指し、それが「人の体調」という意味へと変わり、「気質」や「機嫌」を表します。つまり、いつもご機嫌で、周りもご機嫌な雰囲気にしてしまうことこそがユーモアなのです。

では、3つの元型を統合してみてください。それが自分が理想とする〝自分軸〟だとしたらどうでしょうか。たとえば、あなたの苦手な人を思い浮かべてみてください。3つの元型を統合したあなたは、その相手に対してどんな感情が湧きますか。あまり苦手意識は感じられないのではないでしょうか。

これこそが3つを一体化した力であり、このイメージトレーニングを繰り返すと、強い自分、思いやりのある自分、ユーモアのある自分が条件づけされていくのです。

上司に無理を言われても断れる強さ、同僚が困っているときに助けてあげる思いやり、雰囲気の悪い職場を明るくするユーモア……。

こんな自分になれたら、あなたの頭の中どころか、人生においても「不安」という言葉は消えているかもしれませんね。

私はこのワークを行ってから、断りにくいことでもユーモアを持ってNOと言えるようになりました。優しさだけではなくユーモアを使って断れる勇気を引き出すことができたのです。このワークのおかげでずいぶん楽になったのを覚えています。

第5章

日頃から不安にならないための習慣

ココロ

もっとも大切なのは「五感」で感じること

不安を感じる人にいつも一番にお伝えするのは、**「五感で感じることを日常生活に取り入れてください」**ということです。

というのも、不安を感じやすいのは頭の中で感情や思考（ネガティブな感情に基づいたもの）がグルグル回っていて、ネガティブな感情でいっぱいになってしまうからです。本当は一度、頭の中を空っぽにしてほしいのですが、いったん不安の中に入ってしまうとなかなか空っぽにできるものではありません。

そうならないためにも、普段から頭ではなく五感で感じるようにするのです。

五感とは、「視覚、聴覚、触覚、味覚、嗅覚」で、この5つで感じることを日常に取り入れていくことで不安に感じることが少なくなります。また、不安だけではなく、モヤモヤした気持ちのとき、ストレスがたまっていると感じたときなど、五感を使うとよいとされています。

では、なぜ五感を使うことが大切なのか。

それは、現代社会において五感で感じることが少なくなってしまったからです。ストレスがなかった子どもの頃を思い出してください。見るものすべてが不思議なものに映り、何にでも興味を持って接していたと思います。初めて聞く音、初めて触るものに驚きを感じたでしょう。初めて食べたいい匂いのするおいしいものもたくさん体験したはずです。

そんなとき、ストレスを感じたでしょうか。

第3章で、不安を感じやすい人は子どもの心の中にある「自由な心」が低い人だと述べましたが、長く生きてきて、この自由な心、つまり五感で感じていたものがほとんどなくなってしまったのです。

すべてを頭の中で処理してしまうことは、いまの社会で五感を使うことがなくなってしまったからなのでしょうが、そうであれば意識的に五感を使う必要があります。

たとえば視覚なら、散歩をしてきれいなものや美しいものに目を留める、変わった風景に出くわしたら足を止めてじっくり観察してみる。通勤途中、道端に咲く可憐な花に気づいたり、緑深い新緑や色づき始めた紅葉の木々を見たり、新しくオープンしたお店や新しい看板に気づいたり……。

「きれいだな」「面白いな」と感じたら写メに撮ってみてもいいでしょう。寺山修司ではないですが、まさに「書を捨て、街に出よう」の世界です。

好きな音楽を聴くこともいいでしょう。仕事中にBGMにリラックスできるクラシックを流して、時折、仕事を中断してその音に耳を傾けるなんてことも気持ちを落ち着かせるでしょう。街に流れるさまざまな音、喧騒の中にある音、森の中の葉擦れの音、川のせせらぎ……。音を楽しむことができます。

買い物に出かけて、あなたの目に留まったものを手で触れて、その感触を楽しむことだってできます。また、お風呂に入って湯船に浸かり、身体が温まっていくのをただただ感じるだけでも幸せを感じます。

食事に出かけて、おいしいものを香りも楽しみながら食べたり、時にはおせんべいをバリバリ言わせながら食感を味わってみるのもいいでしょう。靴下を脱ぎ、素足で感触を確かめてみることだってできます。

日常には五感で感じられるものがたくさんあります。それを意識的に取り入れていくことで、子どもの自由な心を高めてくれます。

不安に感じることが少なくなり、心にゆとりが生まれます。五感で感じているときは心が軽くなるはずです。

頭の中に色をイメージするだけで不安が消えていく

第3章で子どもが学校へ行っているときに、大丈夫だろうかと不安になるというクライアントさんに「頭の中で黄色のイメージをするといい」ということをお伝えしました。

色をイメージするというのは少しスピリチュアル的な要素もありますが、色彩心理学という分野では、色はその時々の心理状態を表し、いま選んだ色がそのときの心や身体の状態を表すとされています。

色には、そうした不思議な力があり、色の持つ力を日々の生活に取り入れることで人生を豊かにすることを提唱しています。

色の種類は何種類もあったりします（色彩心理カウンセリング協会は9色）が、ここでは私がクライアントさんにお伝えしている5つの色のイメージを挙げておきます。

★不安を解消する色のイメージ

●黄色⬇光のエネルギー

幸福感や楽しさを呼び覚ましてくれます。不安を感じたときはこの色をイメージするといいでしょう。また、何かを始める前や初めての人に会うときなど、黄色をイメージすると楽しさを感じるので、不安な気持ちが軽くなっていきます。

もちろん、子どもが外出していて不安になるという場合も、この色をイメージすると楽しく遊んだり勉強をしていたりする姿が浮かんできます。

●緑色⬇癒しのエネルギー

疲れていてリラックスしたいときに有効です。不安でどうしようと迷ったときや新鮮な気持ちになりたいときなどは、緑色をイメージします。

また、自分を受容するときにこの色をイメージしておくと、自然体でいられて、ありのままの自分を受け入れやすくなります。

●白色⬇浄化のエネルギー

白という透明感や清潔のイメージのように、いまの自分自身の感情をリセットしてくれます。これから新しいことを始めることに不安を感じたときなどは、この色をイメージするとスタート地点に立つことができます。

また、理想やチャレンジなど未来へのエネルギーを持っているので、心が前向きになれます。

●オレンジ⬇開放のエネルギー

自信をもたらしてくれる色で、たとえば、これから上司に話をしに行く前や人前で話す前などにイメージすると、自分軸を保ちながら思いやりを持って接することができます。

また、健康に不安を感じたときには、この色をイメージすればそうした不安を軽くしてくれます。運動や散歩をする前にイメージすると効果的です。

●藍色⬇精神のエネルギー

濃い紫色をイメージしてみてください。この色は洞察力や直観力を引き出すエネルギーを持っています。何か集中したいときなどにイメージすると、冷静にこなすことができます。

また、この色にはスピリチュアル的な強いエネルギーがあり、自分自身との内的会話をする際には有効です。ですから、この本で解説したワークなどをやる前にイメージすると効果を発揮してくれます。

以上の5色をTPO（時間・場所・機会）に応じて使い分けてみてください。その際には、ゆったりとした呼吸をしながら、頭の上に思い浮かべた色がスーッと身体の中にしみ込んでいく感じでイメージするといいでしょう。さらにその色が呼吸とともに身体の外側まで広がっていくイメージをするとエネルギーを強く感じることができます。

これを習慣にしてみるだけで、あなたの感情にいい影響を与えます。簡単ですので試してみてください。

不安を解消する食事に取り入れてほしい食材

食事に関しては、不安障害や自律神経失調症などの病気の治療法として、精神科医が食事療法を提唱しています。食事療法でこれらの治療を行うには、それこそ1冊の本が書けるくらいの情報がありますので、ここでは、私がクライアントさんにお勧めしている不安を解消する食べ物についてお話しします。

さて、その前に不安になりやすいときに食べてはいけないものがあります。それはお菓子やスナック類です。

おそらく、知らない間にお菓子やスナックを食べているときはありませんか。気がつくと手が止まらずに食べ続けているなんていうことも。「あぁ、またお菓子を食べている」と、いつも罪悪感を覚えながらもやめることができないという人は、心と身体がスムーズに活動できなくなっている証拠です。

ストレスによって脳の活動を支えている神経伝達物質が減少し、脳の働きが低下してしまいます。とくにネガティブな感情のときは、自律神経に影響を与え、思考そのものが低下してしまう原因になります。

お菓子やスナック類には、食品添加物が含まれており、多くは砂糖も使用されていますす。もともと身体によくない食べ物として知られていますが、実は身体だけではなく、精神にも悪影響を及ぼします。

よくテレビなどで、うつになり家にひきこもってしまった人の姿が映し出されますが、そこには大量のスナックの袋が散乱していたりします。むろん、食事をつくる気すら失ってしまった人ですから、そうした面もやむを得ないのですが、症状はよくなることはありません。それくらい食事は精神にも影響を及ぼすのです。

では、不安解消に効く食事とはどういったものでしょうか。

第3章で「事故に遭うかもしれないと不安になる」というケースのときに、通勤前の朝食に「お味噌汁」を飲んでいくということをお話ししました。

実は、お味噌汁がいいといったのは、大豆に含まれる**「マグネシウム」**を摂るといいからです。

このマグネシウムは抗酸化物質が多く含まれています。抗酸化物質の働きは、体内の活性酸素を取り除くもので、この活性酸素は、身体の免疫機能を維持するいっぽうで、増えすぎると疲労や老化の原因につながるとされています。

実は、不安は抗酸化状態が低下することに関連しているといわれています。ですから、マグネシウムは脳と身体にメッセージを送る神経伝達物質を調節するうえで重要な役割を果たしているのです。

マグネシウムが多く含まれている食べ物は、**豆類、葉物野菜、全粒穀物、ナッツ**などです。お味噌汁は大豆が原材料ですから一番摂取しやすいと思います。また、思わずスナック類を食べてしまうという人は、その代わりにナッツなどをつまんでもいいかもしれません。

そのほかに抗酸化物質が多く含まれている食べ物には、リンゴ、ベリーやプルーン、ブロッコリー、ターメリック、生姜などがあります。

最後に1つだけ付け加えておきます。不安な人は「しなければならない」と思いがちですから、これらすべてを摂取しなければいけないということではありません。これまで食べていたものに、好きなものを加えるだけで十分です。

時間を忘れるくらい没頭できることをしてみる

最後にお伝えするのは、あなたが時間を忘れるくらい集中し、没頭できることに時間を費やしてみるということです。これは趣味でも何でもかまいません。仕事を忘れ非日常の世界に自分を置くことで、日々充実感を味わえ、不安を解消できます。

そして、大切なのは、没頭しているときは**「フロー状態」**と言われる状態になっているということです。

フロー状態というのは、ハンガリー出身のアメリカの心理学者・チクセントミハイ氏によって提唱されたもので、いまではスポーツ・ビジネス・教育などさまざまな分野で使われています。

とくにスポーツでは「ゾーンに入る」と呼ばれ、集中した精神が研ぎ澄まされ、何をしても失敗しない無敵な状態になる様子にたとえられています。

フロー状態に入るためには、以下の5つのポイントがあるとされています。

●集中できる環境
●明確な目標
●チャレンジになるもの
●楽しいと思えること
●改善できるもの

集中できる環境をつくり、最終的なゴール（完成）を明確にイメージし、少しだけ難しいチャレンジができる部分をつくる。あとはそれを楽しんでやってみて、さらによくなる点があれば、そこを突き詰めてみる。

こうなれば、あなたもフロー状態に入りやすくなります。この方法はコーチング技術によるものですが、あなたが好きなものであれば、みずから設定できるものです。

没頭できる趣味がないという人には、「掃除をする」という例で解説してみましょう。

集中できる休みの日を掃除する日に決定し、その日はキッチンをきれいにするというゴールと、どれくらいきれいにするかを明確にし、ガス周りの油汚れを取るといった少し難易度の高いチャレンジ項目を立てます。あとは楽しんで始めてみます。

ここで大切なのは、「少し難易度の高いチャレンジ項目を立てる」ということです。あまりにも難易度が高い目標を立てると、それができるかどうか不安になります。かといって、あまりにも簡単なことだと、集中力はそれほど必要としなくなります。キッチンの掃除の例でいえば、少し大変な油汚れを落とすような作業を入れたほうがいいのです。

こうした少しだけチャレンジできるようなものがフロー状態に入りやすくなります。

以上、フロー状態に入るためのポイントを意識して行動に向かえば、おそらく、集中していて時間も忘れ、キッチンがどんどんきれいになっていくでしょう。

これこそがフロー状態です。身体を動かし、集中した時間は、不安になることなど考えもしないはずです。こうした時間をつくることでも不安は解消されます。

以上、日頃から不安にならないための習慣術として4つ挙げてみましたが、どれにも共通していえることは、あなた自身をリラックスさせ、自分を労い癒してあげることです。

普段から真面目に頑張っているあなたですから、こうした習慣も気持ちをリラックスさせてくれるものであれば、やってみたらいいという軽い気持ちで始めてみてください。

私の役割は、晴れない不安な感情を少しでも軽くすることです。そしてできれば、生きづらい世の中ではなく、楽しく幸せを感じる毎日を過ごしてほしいと思っています。これはカウンセラーとしての切なる願いです。

さあ、この本を読んで、あなたの不安は軽くなりましたか。不安がやってきそうだと思ったら、またこの本をパラパラとめくってみてください。そこには、いまの不安に適切な処方箋が置かれているかもしれません。

【おわりに】

不安専門カウンセラーとして、不安こそ自分で軽くすることができる私ですが、もう1つ困ったことがあります。それは極度の方向音痴（おんち）ということです。

先日も私が車を運転していて、後部座席にいる人の話をじっくり聞いてしまい、曲がる道を間違えてしまいました。運転中は運転に集中しないとダメなのに、やはり性分なのか話に気をとられてしまうんですね。そんなときは、もう焦ってしまい、ナビを見ながら目的地まで大回りしてしまいます。

入ろうと思っていたお店を通り過ぎてしまうなんてことはしょっちゅうです。

それだけならいいのですが、お店のトイレに入って出てくるときなどは、かなりの確率で座席とは反対の方向へと行ってしまいます。

私より賢いのは、飼っている愛犬でしょうか。私が散歩に連れて行っても勝手にいつものコースを間違いなく歩いてくれますから（笑）。

家族からは私の方向音痴は、かなりいじられているのですが、まさに「地図の読めない女」そのものです。

そうとうそそっかしい私ですが、いまではそんな自分を認めることができます。自分を労わってあげることができます。そして、何よりいまの自分を愛しています。

そうした自分の経験がカウンセラーという仕事につながって、その経験をクライアントさんやこの本を読んでくれているあなたに伝われば、「人生捨てたもんじゃない」「すべての経験には意味がある」と思っていただけると思います。

プロローグでお伝えした「ある1日の風景」は、ほんの一幕にすぎません。孤独にさいなまれる人、人間関係に疲れ果ててしまった人、なかには「もう、死にたいんです」という方すらいるのです。

しかし、そんな方たちでも私には一筋の光が見えています。なぜならば、すでにカウンセリングを受けに来ようという気持ちがあるからです。そういった人は、「変わりたい」という意思を数パーセントでも持っているからです。

この本を手に取ったあなたも同じです。その時点で、現状を何とかしたいという気持ちで読み始めたはずです。ですから、そんな自分を労ってください。そして、第一歩を踏み出した自分を褒めてあげてください。

周りを気にして、真面目に頑張ってきたあなたですから、今度は自分を愛してあげる番です。そして、不安になっても失敗してしまっても、そんな自分に「I am OK.」を出してあげてください。

そうすれば、不安はすぐにでも軽くなっていきます。

あなたの人生が、不安から幸福に変わりますように。そして、あなたを基点に幸せの輪が広がっていくことを心から祈っております。

2023年　新しい年を迎えた日に

不安専門カウンセラー　柳川由美子

《謝辞》

今回、本を出版するにあたり、お世話になった方々へお礼を申し上げます。

まずは、本のコンテンツについて多くの助言をいただき、私の伝えたいことを1冊にまとめ上げていただいた稲川智士さんにお礼申し上げます。稲川さんがいなければこの本は生まれなかったと思っております。

また、本の出版の機会をいただきましたフォレスト出版のみなさまにもお礼申し上げます。

そして、出版のご縁をつないでいただいたインプループの小山睦男さん、専門的な内容にご助言をいただいた理化学研究所脳神経科学研究センター学習・記憶神経回路研究チーム・リサーチアソシエイトの春日優佑さん、これまで私を指導していただいた多くの先生方には感謝してもしきれません。

それから、いまの私を支えていただいているスタッフのみなさま、カウンセリングにいらしていただいた多くのクライアントさん、いつでも私を応援してくれる友人と家族は本当にありがたい存在です。ありがとうございます。

最後に、この本を読んでくださったあなた。
心よりあなたの幸せな人生を願っております。

柳川由美子

株式会社ヘルシーライフサービス代表取締役。不安専門カウンセラー（臨床心理士、公認心理師、産業カウンセラー）。 福岡県生まれ。神奈川県鎌倉市在住。

鎌倉女子大学（児童学部子ども心理学科）卒業。東海大学大学院前期博士課程（文学研究科コミュニケーション学専攻臨床心理学系）修了。同大学院にて心理学・脳科学を研究。指導教官、宮森孝史（神奈川県臨床心理士会会長〈元〉）のもと「脳は心を解き明かせるか」「脳から見た生涯発達と心の統合」を学ぶ。人間の幸福成功法に関する科学的学問「ポジティブ心理学」、脳と心の取扱説明書といわれる「神経言語プログラミング（NLP）」両トレーナーの資格を有す。

プライベートでは３児の母。自身も不安症だった。義母の末期がんの看病をきっかけにピアノ教師からカウンセラーへ転身。自分自身の不安症の克服経験から「心と身体」、「心理学」の専門知識を大学院等で学び、カウンセラーとして独立。大学やメンタルクリニック、企業研修などの活動を開始する。

8000回以上の個人セッション経験を通し、相談者の共通パターンを発見。ビリーフ書き換え、対話法、自分を丸ごと愛する方法等、独自メソッドで解決に導く。パニック、うつ、不安などを根本から改善して薬に頼らない生活を送れる「安心マインドプログラム」を提供。不安になる科学的根拠と仕組みに基づく実践型カウンセリングが評判になり、日本全国から相談者が殺到している。

著書に『不安な自分を救う方法』（かんき出版）がある。

趣味は水泳とピアノ、読書。

不安専門カウンセラーが教える
晴れないココロが軽くなる本

2023年2月16日　初版発行

著　　者　柳川由美子
発 行 者　太田 宏
発 行 所　フォレスト出版株式会社
〒162-0824　東京都新宿区揚場町2-18　白宝ビル 7F
電話　03-5229-5750(営業)　03-5229-5757(編集)
URL http://www.forestpub.co.jp

カバー&本文デザイン ―― 穴田淳子（a mole design Room）
イラスト ―――― ヒガクミ
DTP ―――― 沖浦康彦
編集協力 ―――― 稲川智士
書籍コーディネイト ―― 小山睦男（インプループ）
印刷・製本 ―――― 中央精版印刷株式会社

ISBN978-4-86680-194-0　Printed in Japan